JN124443

PSYCHOLOGICAL SUPPORT on CAMPUS **2**
効果的な学内研修のために

学生相談
カウンセラーと考える
キャンパスの心理支援

全国学生相談研究会議 編
編集代表　太田裕一

遠見書房

まえがき

　本書は全国学生相談研究会議によって編集された。2022 年に刊行された「学生相談カウンセラーと考えるキャンパスの危機管理——効果的な学内研修のために」の続刊である。

　前作が危機介入に焦点があたったいわば学生相談の応用編であったのに対して，本書は学生相談の基本を押さえたものになっている。応用編が先立つことになったのは，前書がコロナ禍という危機のさなかに書かれたことも影響していると思われる。コロナ禍がようやく過ぎて徐々に日常が戻りつつある年に改めて学生相談の入門的な本書を出版できることは感慨深いものがある。

　本書は研修を想定したパワーポイントの資料を付すことによって，教職員に対しては学生相談とはどういうものであり，どう学生をつないだらよいのか，学生の心理的・環境的な実情がどのようなものであり，そこにどう対応したら良いのかを示している。また学生に対しては学生相談機関の利用を促し，対人関係，キャリア選択を考えるきっかけを与えるものである。

　本会はもともと 1968 年に，8 つの国立大学の学生相談関係者が広島大学で「留年」をテーマにした研究会を持ったことに始まる。「留年」は 1990 年代のひきこもりと同じように当時の大きな社会問題となっていて，最先端の現場での実践と研究を共有し合う場であった。1990 年に河合隼雄が会長となると，雑誌「現代のエスプリ」で 3 冊の特集号を出版するなど心理臨床の最前線のひとつである学生相談の活動を大きくアピールしていた。

　筆者が初めて参加したのは 1999 年であった。数人ずつ同部屋で寝食を共にする 2 泊 3 日の合宿形式で，密度の濃い事例検討，シンポジウム，深夜に渡る飲み会が行われ，新人カウンセラーにとってはベテランの先輩に試されるイニシエーション的な意味合いをもっていた場であった。

　当初は国立大学の学生相談関係者のみを対象にしていたが，徐々に公立・私立大学のカウンセラーにも門戸を開き，現在では高等教育の常勤カウンセラーを主な会員とし現在は会員約 150 名で，コロナ禍以降はオンラインで開催されている。

　コロナ禍の始まる直前の有馬で行われた（2023 年現在のところ最後に行われた対面で開催された）会議の際に，代表であった杉原からの出版企画の提案によって，今江秀和，太田裕一，小島奈々恵，杉原保史，堀田亮，山川裕樹，吉村麻

奈美の7名からなる出版のためのワーキンググループが組織された。

　全国学生相談研究会議の歴史を振り返ってみれば，国立大学から公立・私立大学に会員が広がり，1990年代の出版がどちらかといえば同業の心理職を読者として想定していたのに対して，今回の出版が教職員・学生への研修を対象にしているというのは象徴的な変化であると言えるだろう。

　コロナ禍後の全国学生相談研究会議がどのような形をとるのかはまだわからないが，かつてのような濃密な仲間同士の研鑽と交流の場を維持することは現在のカウンセラーの多忙な生活を考えると困難なのかもしれない。しかしカウンセラーの3日間の「異界」的な体験の場がその特権を失い，教職員や学生に近い所に立ち位置を変えてきたことには肯定的な意味付けもできるのではないか。

　本書はこうした会議の歴史を踏まえて記されている。学生相談カウンセラーの知見をぜひ，身近な研修で活かしてもらえればと思う。

ワーキンググループを代表して

太田裕一

スライドのダウンロードについて

　各章は，スライドを用いて研修を行うことを前提として執筆されています。スライドはマイクロソフト社のパワーポイントのファイルとなっております。

　スライドは，研修等において自由に使っていただけます。ただし著作権は各執筆者にあり，使用に際してはコピーライトを表示していただくことが必要です。

　ダウンロード資料のご利用方法については巻末を参照ください。

目　　次

学生相談カウンセラーと考える

キャンパスの心理支援

―効果的な学内研修のために2―

第1章
学生を学生相談室に紹介するとき

杉原保史

I　教職員による学生支援の重要性（スライド2）

1．自分から悩みを打ち明けない学生の存在（スライド3）

　悩みを抱えた学生は，周囲に負担をかけたくない，周囲に知られるのは恥ずかしい，周囲に知られるとかえって事態が悪くなると思い込んでいるなど，さまざまな理由から問題を1人で抱え込みがちである。

　だからこそ，多くの大学は学生相談室を設置し，自分では解決困難な悩みを抱えた時には，躊躇せずに相談するよう呼びかけている。しかし，残念ながら，深刻な悩みを抱えていながらも自ら学生相談室に来てくれない学生もいる。自殺を既遂した学生について調べた調査によると，その76％が大学内の相談機関を利用していなかったという（内田，2010）。自殺既遂にまでは至らない場合でも，学生相談の現場では，もっと早い段階で相談に繋がっていればここまで大変なことにはならずに済んだだろうにと悔やまれるケースとしばしば出会う。深刻な悩みだから相談しにくいということなのかもしれないし，相談しないから悩みが深刻化してしまうということなのかもしれない。いずれにせよ，学生相談室を設置し，周知していてもなお，深刻な悩みを抱えながら自発的に相談に来ない学生が存在することは否定できない事実である。

　こうした学生の存在を認識した上で，こうした学生が適切に相談に繋がるよう支援するために，大学には何ができるだろうか？　こうした学生を見つけ出して

2

教職員による学生支援の重要性

3

自分から悩みを打ち明けない学生の存在

- 悩みを抱えた学生は問題を1人で抱え込みがち。
- 自殺を既遂した学生の76％が大学内の相談機関を利用していなかった（内田，2010）。
- 自殺既遂には至らない場合でも，もっと早い段階で相談に繋がっていればここまで大変なことにはならずに済んだだろうにと悔やまれるケースはよくある。
- 学生相談室を周知させ，相談を呼びかけてもなお，深刻な悩みを抱えながら自発的に相談に来ない学生が存在する。

学生に声をかけることへの懸念 4
・ もう大学生なのに教職員が関わるのは余計なお世話ではないか。
・ 私の勘違いだったらどうしよう。
・ 厄介なことに巻き込まれるのではないか。
・ 声をかけることで逆に傷つけてしまうのではないか。
・ メンヘラ扱いされたとハラスメントの訴えをされるのではないか。
・ 助けてあげたいが，どうしたらいいか分からない。

学生に声をかけないでおくことを正当化する考え 5
・ 私が深刻に捉え過ぎなだけだろう。
・ 私が関わらなくても，きっと誰か他の人が対応するだろう。
・ 私が関わったところで，どうせ何の助けにもなれないだろう。
・ 下手に素人の自分が関わるより，専門家が関わるべきだ。
・ 私には他にすべきことがたくさんある。
・ すぐに動かず，もう少し様子を見ることが賢明だ。

働きかけることは，学生相談室のスタッフの努力だけでできることではない。日頃から教室や研究室や窓口で学生と接触している教職員の協力がどうしても必要である。

2．悩んでいる学生に気づいたら声をかけるか？（スライド４，５）

　教職員から学生相談カウンセラーにしばしば寄せられる質問の１つに，「問題を抱えていそうな学生がいるので，学生相談室に紹介したいのですが，どのように紹介したらいいですか？」というものがある。問題を抱えて悩んでいる学生に気がついても，どう声をかけていいものか分からず，躊躇してしまうのだという。そうした教職員に，その躊躇の背景にどんな思いがあるのかを尋ねてみると，さまざまな懸念や考えが語られる。

　こうした懸念にとらわれてしまうと，心配な学生がいても声をかけるのを控えておこうという判断に傾くかもしれない。もちろん，差し当たりはそれが妥当で無難な判断であることもあるだろう。しかしことによると，厄介なことに巻き込まれたくないという逃げ腰の判断なのかもしれない。後者の場合でも，その判断を正当化するもっともらしい考えはいくらでも挙げられる。

　しかし，大学には学生の安全や健康に配慮する義務がある。そして大学の教職員はその義務を履行する役割を担っている。その役割を効果的に遂行するためには，できるだけ学生の問題が小さいうちに見つけて，早めに対処することが有用である。問題を抱えて悩んでいるかもしれない学生に気づいた時，先に示したような懸念や，それを正当化する考えが出てきたら，反射的にそうした懸念や考えに従わず，まずはそれらを落ち着いて冷静に検討することが必要である。

　以下においては，こうした懸念や考えを落ち着いて冷静に検討する際の役に立つよう，声をかけるべき学生の兆候について解説する。また，どのように声をかけたらいいのか，そして声をかけた後，どうしたらよいのか分からない，という懸念に対抗するため，声のかけ方や，声をかけた後の話の聴き方などについて解説する。

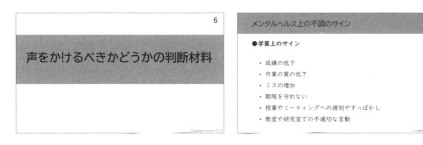

　こうした懸念や考えを落ち着いて冷静に検討してもなお，差し当たりは声をかけることを控えて様子を見た方が良いという判断に至ることもあるだろう。しかしそうでないなら，こうした懸念や考えを乗り越え，勇気をもって学生に声をかけ，話を聞くことが必要である。

Ⅱ　声をかけるべきかどうかの判断材料
——リスク評価に関わる諸要因（スライド6）

　声をかけるべきかどうかを判断する際に考慮すべき要因として，さまざまなメンタルヘルス上の不調のサインがある。また，ストレスを全般的に増幅させてしまう背景要因を考慮する必要がある。
　メンタルヘルス上の不調のサインが多く見られるほど，そしてストレスを増幅させてしまう背景要因が多く当てはまるほど，リスクが高く，声をかけるべき状況だと判断される。

1．メンタルヘルス上の不調のサイン

　メンタルヘルス上の不調のサインには，学業上のサイン，生理学的・身体的サイン，心理学的・行動的サインがある。

①学業上のサイン（スライド7）
　主な学業上のサインとしては，成績の低下，作業の質の低下，ミスの増加，期限を守れない，授業やミーティングへの遅刻やすっぽかし，教室や研究室での不適切な言動，が挙げられる。

②生理学的・身体的サイン（スライド8）
　主な生理学的・身体的サインとしては，身だしなみの低下，体重の増加や減少，疲れた様子，睡眠の問題，ストレスと関わる身体症状（頭痛，吐き気，胃腸障害

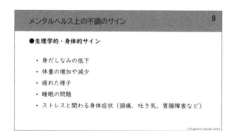 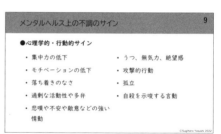

など）が挙げられる。

③心理学的・行動的サイン（スライド9）

　主な心理学的・行動的サインとしては，集中力の低下，モチベーションの低下，落ち着きのなさ，過剰な活動性や多弁，悲嘆や不安や敵意などの強い情動，うつ，無気力，絶望感，攻撃的行動，孤立，自殺を示唆する言動が挙げられる。

2．ストレスを増幅させる背景的要因

　上に示したサインが認められる学生について，ストレスを全般的に増幅させる背景的諸要因について，知り得た情報から当てはまるものがないか検討する。以下のような背景的要因が認められる場合には，その学生のメンタルヘルス上のリスクはさらに高くなるものと考えてよい。

①心配なエピソード（スライド10）

　以下のようなエピソードがある場合には，注意が必要である。

　以前にもこころの問題を呈したことがあること。親の別居や離婚を経験していること。家族の病気や死などを経験していること。最近，重要な喪失を体験したこと。最近，自尊心への深刻な打撃を経験したこと。最近，精神科病院から退院したばかりであること。最近，他の学生が，その学生についての懸念を伝えてきたこと。

②孤立しがちな状況（スライド11）

　心の問題を深刻化させる最も重大な要因の1つは孤立である。同じ災害に遭った人たちの中でも，孤立を感じている人の方が，そうでない人よりもより重いメンタルヘルス上の問題を発展させやすいことが知られている。

　それゆえ，性格的に周囲と馴染みにくい学生，編入学や転学部などで学部の課程に途中から入ってきた学生，大学院入試で他大学や他研究科，他専攻から入っ

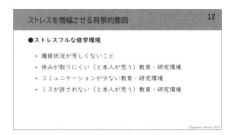

てきた学生，他国から留学してきた学生，留年している学生など，孤立しがちな状況にある学生については，リスクが高いと言える。

③ストレスフルな修学環境（スライド12）

学生が学業面でうまくやれていない場合，通常，ストレスは高くなる。履修状況が芳しくないことは，学生生活における重要なリスク要因である。

また一般に，ストレスが高くなりがちな組織環境として，休みが取りにくい（と本人が思う）環境，コミュニケーションが少ない環境，ミスが許されない（と本人が思う）環境が挙げられる。学生の教育・研究環境がこれらに当てはまる場合には，やはりリスクが高まると考えられる。

専門分野によっては，実験や実習で長時間拘束されたり，長期にわたって休みが取りにくかったりするかもしれない。指導に当たる教員やメンバーの個性により，気楽に話しかける雰囲気が乏しく，コミュニケーションが少ない研究室もあるだろう。ちょっとした間違いが怪我や人命に直結するような内容を扱うような専門分野では，学生は，ミスが許されない環境だと感じることが多いだろう。

Ⅲ　どのように声をかけるか（スライド13，14）

以上のような諸要因を総合的に考慮して，深刻な悩みを抱えているのではないか，あるいはメンタルヘルス上の問題を抱えているのではないかと疑うことに一定の根拠が見出された場合，その学生に声をかけてみることが必要となる。

以下，この際の最初の接触において，どのような点に留意したらよいかについて簡単に述べる。

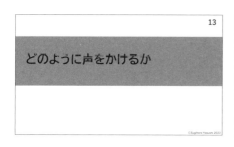

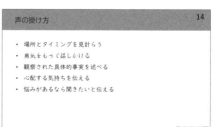

1．場所とタイミングを見計らう

　個人の傷つきやすさに触れるようなデリケートな話題を扱うわけであるから，静かで落ち着いていて，なおかつあまり他の学生の目につかない場面で，さりげなく声をかけるのが理想である。ただし，現実には，そのような理想的な場面はいくら探しても得られないことが多いであろう。その場合，少なくとも他の学生に会話の内容があからさまに聞こえないようにするなど，可能な配慮をしながら，声をかけることになる。

　ただし，配慮のあまり，声掛けに消極的になってしまうことも避けなければならない。こういう場面では「節度ある押し付けがましさ」（田嶌，1998，2009）が必要である。節度ある押し付けがましさとは，積極的に関わろうとしつつも，踏み込みすぎない態度のことであり，「逃げ場をつくりつつ関わり続ける」ことである。

　現代社会には，個人のプライベートな領域に侵入的になってしまうことを恐れるあまり，適切かつ必要なケアまで控えてしまい，その結果，放任や放置が生じやすい風潮があるように思われる。こうした風潮に無自覚に呑まれていないか自問し，乗り越える必要がある。

2．勇気をもって話しかける

　「○○さん，少し話したいことがあるのだけど，今，いいかな？」「○○さん，今，少し話す時間あるかな？」などと，勇気をもって話しかける。

　周りに他の学生がいる，他の学生がいつ入り込んでくるかわからないなど，落ち着いて話せない状況であれば，この時点で研究室や面談室などに移動することを学生に提案する。

　どういう言葉をかけるか以前に，穏やかな声や表情で話しかけることが大事である。声をかける前に，深呼吸し，肩の力を抜くようにするとよい。

▌3．観察された具体的事実を述べる

　本題に入る際，まずは観察された具体的な事実を取り上げることから始める。「最近，授業を休みがちだね」「最近，レポートにミスが増えたね」など，客観的な事実から入るとよい。客観的な事実は，相手にとって否定しづらいため，話し合いのスタート地点としての共通の基盤となる。

　相手が同意したら，もう少し主観の入った内容，あるいは少し曖昧なところがある内容に進む。「疲れているように見える」「少し痩せたんじゃないか」「イライラして見えることが増えた」などである。

▌4．心配する気持ちを伝える

　以上に伝えたことを根拠として，「あなたのことが心配です」「あなたのコンディションについて心配しています」などと，はっきり心配を伝える。

▌5．悩みがあるなら聞きたいと伝える

　「もし何か悩みがあるのなら，話してほしい」「何か悩みがあるの？　話してみてくれないかな？」などと，相手の悩みに関心があること，受けとめる用意があること，話してくれたら一緒に考えるつもりであることを伝える。

　もし相手が話すことをためらう様子であったり，話すことを拒否したりするようであれば，話すことにどんな懸念があるのか，話したら何が起きると心配しているのかを尋ねてみるとよい。その際，その懸念を頭ごなしに否定せず，「そういうことが心配なんですね。そういう心配があったら話すことをためらうのも理解できますね」と受けとめるようにするとよい。その上で，その懸念や心配を払拭する方向でやんわりと働きかける。相手が悩みを話し始めたら，聴いていく。

　学生が話すことに抵抗を示したり，話すことを拒否したりすることは多い。話し始めても，肝心なことは話さないこともある。こうした学生の反応は，学生の側の性格や悩み方によるところもあると同時に，聴き手の側の聴き方によるところもある。また両者の組み合わせにもよる。ベストを尽くして結果を受け入れるしかないだろう。

　次に，学生相談室につなぐことを目的とした，学生の悩みの聴き方について考えてみよう。

Ⅳ　学生の悩みの聴き方（スライド15）

　学生が教職員を，親身に心配してくれている人，自分の気持ちを理解してくれている人だと感じるなら，教職員の勧めに従ってくれる可能性が高まる。そのため，学生相談室につなぐ前に，まず学生の話を聴くことが大事である。

▌1．話を聴く上での心構え（スライド16）

　悩みを抱えた学生の話を聴くための心構えについて，いくつか重要なポイントを示す。

①悩みを抱えた学生への先入観をチェックする

　悩みを抱えた学生を，関わる教職員がどのように見るかによって，その教職員の話の聴き方は微妙に違ってくる。

　学生と関わる教職員が，悩みを抱えた学生を，「甘えている人」「弱い人」「頑張りが足りない人」などと潜在的に見なしていると，たとえ一言もそういう発言をしなくても，学生は教職員の話の聴き方から敏感にそれを感じ取り，心を閉ざしてしまう。

　学生は甘えているわけではなく，弱いわけでもなく，頑張りが足りないわけでもなく，学生が感じているつらさは正当なものだと見なす構えを持ちたい。いつの間にか学生を「甘えている人」「弱い人」「頑張りが足りない人」などと見てしまっていないかチェックし，意識的にそのような見方を手放すようにする。

②有用な助言や気の利いたことを言おうとあせらない

　悩みを抱えて苦しんでいる学生を前にすると，しばしば関わる教職員は，何か有用な助言をして，あるいは気の利いたことを言って，学生の苦しみを取り除いてやらなければと焦ってしまう。

そういう気持ちを抱くことは悪いことではないかもしれないが，悩んでいる学生の話を聴く上では邪魔になることの方が多い。そもそも，教職員なのだからいいことを言わなくてはという思いが，上下関係を前提としたものである。まずは人間として学生と対等な立場で向き合い，ただ学生のつらい思いを受けとめることが大事である。

③学生を心配していることが雰囲気で伝わるように聴く

大事なのは，解決策を与えることではなく，学生のことを純粋に心配している気持ちが伝わるようにすることである。それが伝わると，学生はその教職員に信頼を寄せるようになり，教職員の助言を真剣に考慮するようになる。逆に言うと，それが伝わらないなら，どんなに適切な助言をしても考慮されない可能性が高まってしまう。

④自分が話すよりも，相手に話させることを心がける

上に述べたようなことが生じるには，少なくとも教職員の側の発話よりも学生の側の発話の方が多くなることが必要であろう。教職員の側は，何か言いたいことがあってもその気持ちをコントロールし，聴き手に徹するようにする。

⑤間違いの指摘，批判，反論，助言などを控える

学生の悩みを聞いていると，教職員の側はどうしても間違いを指摘したり，批判したり，反論したり，尚早に助言したりしたくなってくることが多い。上に述べてきたように，教職員はこうした気持ちをコントロールして，学生の悩みやそのつらさを妥当なものと認めながらまずは話を聴くことが大事である。

このことは，悩みを話す側の立場に立てば当然のこととして容易に理解できるはずである。誰しも勇気を出して悩みを打ち明けた時に，間違いを指摘されたり，批判されたり，反論されたり，即座に助言されたりすれば，話さなければよかったと後悔することだろう。にもかかわらず，このことは悩みを聞く側になると容易に見失われてしまいがちなので，意識的に注意しておく必要がある。

⑥事実関係だけでなく，気持ちや思いも尋ねる

カウンセリングの訓練を受けていない人が悩みを聴こうとすると，いつ，誰が，どこで，どうしたといった事実関係に注意が向かいがちになる。悩みを聴く時には，こうした事実関係に加えて，そこで学生が何を思い，何を感じたのかということにも関心を向け，尋ねていくことが有用である。

⑦学生の努力をはっきりと認め，褒める

　悩みを聴いていく中で，その学生なりに頑張ってきたところを見つけて承認し，感心して見せる。こうした反応に出会うと，学生は報われた気持ちになり，もう少し頑張ってみようという気持ちになるものである。

　学生に「この問題についてこれまでどんな努力をしてきましたか」と直接尋ねることが有用である。その際，何も努力してこなかったという答えが返ってきても，そこであっさり終わりにしてはいけない。何らの努力もしなければ，状況はどんどん悪化していくものである。状況が現状よりももっと悪いものになっていないのは，学生がいったい何をしてきたからなのかを粘り強く尋ねるとよいだろう。苦しいことがあっても何らの努力もしないなどということは，絶対にあり得ないということを前提にして粘り強く訊いていくことが大事である。

⑧時折，自分が得た理解を伝え，その理解で合っているか確認する

　話がひと段落つくごとに，「つまりこういうこと？」と自分の理解を要約して伝え，それで合っているかどうかを確認する。こまめにそのような要約を挟むことで，地に足がついた話し合いができる。

▍2．学生が悩みを話そうとしない場合への対応（スライド17）

　悩みがあるなら話すよう促しても，学生が「どうせ話しても無駄」「話したくない」「悩んでいない」などと拒否するかもしれない。こうした反応は，悩みを人に打ち明けることに対する強い不安の表れであることもしばしばである。学生は，何でも人に頼らず1人で解決しなければならないと考えているのかもしれない。「人に迷惑をかけてはいけない」という考えにとらわれているのかもしれない。かつて相談したことで逆に傷ついてしまった経験があって，相談することが怖くなっているのかもしれない。話すことに消極的な学生の言葉を額面通りに受け取ってしまわず，以上のような可能性を踏まえて根気よく関わることが望まれる。

V　学生相談室を紹介する（スライド18）

　ここまで，学生に学生相談室を紹介するための準備について述べてきた。いよ

いよ学生相談室に行くことを勧める具体的な方法について解説する。以下に，学生相談室を紹介するための対話の進め方の例を示す。これはあくまで参考例であって，お手本とか，標準とかではないので注意して欲しい。

1．学生相談室の存在を知っているかを問う（スライド 19）

まずは，ここまで悩みごとについて聞いてきた学生が，学生相談室という学内施設の存在を知っているかどうかを問う。この問いかけによって，学生相談室への相談を検討する会話を開始する。

ここですでに学生相談室に相談に行っていることや，以前に行ったことがあることが判明する場合もある。その場合には，行ってみてどうだったかを尋ねる。そこで相談が途切れているとわかった場合には，再度の相談を勧めてみる。学生が行きたがらない場合，行きたくない理由を尋ねて話し合う。安心して率直に相談することを何が阻んでいるのかを明らかにし，それを乗り越える手立てがないか一緒に考える。また行ってみようという気になってもらえることを目指して，知恵を絞る。それでもなお，学生がそのカウンセラーに相談することに否定的である場合には，プレッシャーをかけずに引き下がる。学生相談室に複数のカウンセラーがいる場合には，相性もあるので，他のカウンセラーに相談してみてはどうかと勧めるのも一案である。

学生相談室の存在を「知らない」学生には，学生相談室についての情報を伝える。学生相談室の存在を「知っている」と答えた学生も，ガイダンス等でその名前は聞いたことがあるというぐらいで，実際の中身についてはほとんど知らないことが多い。それゆえ，たいていの場合は，「知らない」と答えた学生と同様に，学生相談室についての情報を伝える。

2．学生相談室についての情報を伝える（スライド 20）

学生相談室についての正確な情報を伝える。事前に，学生相談室の場所，スタッフの資格などの専門的背景，年間の来談人数や面接回数，どういう内容の相談

学生相談室についての情報を伝える　　　　　　　　20
・学生相談室についての正確な情報を伝える。 ・事前に、学生相談室の場所、スタッフの資格などの専門的背景、年間の来談人数や面接回数、どういう内容の相談が多いか、などの基本情報を仕入れておく。 ・その上で、学生相談室のカウンセラーについての教職員の個人的な印象を伝えるのも良い。 　　　　　　　　　　　　　　　　　　　　　　©Sugihara Yasushi 2022

学生相談室に行くことをどう思うか尋ねる　　　　21
・教職員としては「学生相談室に行きなさい」と勧めたい気持ちに駆られるだろうが、焦りは禁物。 ・落ち着いて「学生相談室に相談に行くことについてどう思う？」などと、まずは純粋に学生の考えを尋ねてみる。 　　　　　　　　　　　　　　　　　　　　　　©Sugihara Yasushi 2022

が多いか，などの基本情報を仕入れておくとよい。

　悩みを抱えた学生は，こんなに悩んでいる人間は世界中で自分だけだと信じていることが多い。そうした学生は，学生相談室に実際に多くの学生が相談に行っていることを統計データとして告げられると，驚くと共に，ホッとした表情を見せるものである。「たくさんの学生が相談に行っているよ」というような抽象的な表現ではなく，「去年1年間で何人が相談に来たと報告書に書いてあるよ」などと，公表されたデータを示すことが説得力を高める。

　こうした客観的な情報を伝えた上で，学生相談室のカウンセラーについての教職員の個人的な印象を伝えるのも良い。紹介者である教職員と距離が近い印象が伝わると，紹介される学生にとっての心理的な敷居が下がりやすい。

▌3．学生相談室に行くことをどう思うか尋ねる（スライド21）

　学生の悩みを聞いた教職員としては，「学生相談室に行きなさい」と指示・命令したり，「学生相談室に行った方がいいよ」と勧めたりしたい気持ちに駆られるであろう。

　しかし，その一方で，あくまで学生の自己決定を尊重することが重要である。教職員は押しつけにならないよう注意する必要がある。教員の意見を押しつけられたと感じさせてしまうと，そのことに対する反発が生じ，その反映として相談室に行かないという結論になってしまうこともある。焦りは禁物である。

　ここは落ち着いて，「学生相談室に相談に行くことについてどう思う？」などと，まずは純粋に学生の考えを尋ねてみる。その問いに対して，学生が「自分でも行った方がいいと思う」と言ってくれるかもしれない。もしそうであれば，教職員に勧められて受動的に相談に行く形になるよりもずっといい形で学生相談室に繋ぐことができる。

▌4．逃げ道を残しつつ，学生相談室への相談を勧める（スライド22）

　ここまでの対話の流れで，学生が迷っているようであれば，教職員の意見とし

逃げ道を残しつつ、学生相談室への相談を勧める　　22

・ 学生が迷っているようであれば、教職員の意見として学生相談室への相談を勧める。「私の意見を言ってもいいかな。一度、学生相談室に相談に行ってみてはどうかと思うんだけど」など。
・ その上で、その意見についてどう思うかを尋ねる。学生が行くことに消極的である場合、その理由を尋ねて話し合う。相談に行くことを阻んでいる要因を明らかにし、それを乗り越える手立てがないか一緒に考える。

学生相談室まで一緒に行く　　23

・ 学生が相談に行くことを迷っている場合、「初めての場所に行くのは不安だろうから、よければ一緒に行くよ」と提案する。
・ 相談に行くことに同意してくれた学生の場合でも、同意が得られたその場で「じゃあ一緒に行こう」と相談室まで同行することは有用。
・ 強引に連れて行くことにならないよう、学生の意思を尊重する。

て学生相談室への相談を勧める。「私の意見を言ってもいいかな。一度, 学生相談室に相談に行ってみてはどうかと思うんだけど」というように, あくまで自分の意見を伝えているだけであって, 決定権は学生にあることを前提とした言い方を心がける。

　その上で, その意見についてどう思うかを尋ねる。学生が行くことに消極的である場合, その理由を尋ねて話し合う。ここでもやはり相談に行くことを阻んでいる要因を明らかにし, それを乗り越える手立てがないかを一緒に考える。

　いずれにせよ, 相談に行くようプレッシャーをかけないようにする。たとえプレッシャーをかけて学生から同意を引き出すことに成功したとしても, 学生は嫌々ながら受身的に相談室に行くことになるだけである。相談に乗っている教職員からプレッシャーをかけられ, 意思に反した行動を強制されると, 学生は, 今後, 教職員に相談したくなくなってしまう。そのことの長期的な弊害を考えると, プレッシャーをかけて相談室に行かせることには, デメリットの方が大きいと考えられる。

5. 学生相談室まで一緒に行く（スライド23）

　学生が相談室に行くことを迷っている場合, 教職員が「初めての場所に行くのは不安だろうから, よければ一緒に行くよ」と提案すると, ホッとした表情を見せ, 相談室に行くことに同意してくれることも多い。相談に行くことに同意してくれた学生の場合でも, 同意が得られたその場で「じゃあ一緒に行こう」と相談室まで同行することは有用である。その場では相談に行くつもりになっていても, 一人になると迷いが出てきて, 結局は相談室に行かないままとなることもしばしばあるからである。

　もちろん, そこまで教職員に頼りたくないという学生もいるので, ここでも強引にならないことが重要である。

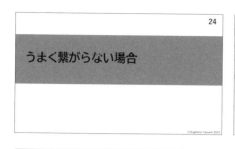

VI　うまく繋がらない場合（スライド24〜26）

　教職員が学生をよく見ていて，心から心配し，一生懸命に関わって適切に学生相談室を紹介しても，相談に行ってくれないケースはある。まずはそのことを心穏やかに受け入れることが必要である。

　そうした場合，しばらく様子を見ていい状況なのか，それとも家族に連絡を取るなどの緊急対応すべき状況なのかを判断する必要がある。判断に困る場合には，教職員が学生相談室に連絡を取り，今後の対応について相談するのが良いだろう。

　学生が学生相談室に行かないという結論を出した場合，教職員としては懸念を伝えつつも，その気持ちを尊重し，一定の理解を示すことが大事である。そのように関わることが学生をエンパワーすることになる。その上で，困ったことがあったら遠慮なく相談してくれるよう伝えておく。

　また，学生のことを心配する教職員は，他の教職員にも協力を求め，関係教職員のネットワークでその学生を見守る体制を作ることに力を尽くす。一人で抱え込んでしまわないよう，注意する必要がある。

　　文　　　献
日本学生支援機構（2007）大学における学生相談体制の充実方策について―「総合的な学生支援」と「専門的な学生相談」の「連携・協働」（平成19年3月30日発表）. https://www.jasso.go.jp/gakusei/publication/jyujitsuhosaku.html（2023年2月14日閲覧）

田嶌誠一（1998）暴力を伴う重篤例との「つきあい方」．心理臨床学研究，**16**(5); 417-428.

田嶌誠一（2009）現実に介入しつつ心に関わる―多面的援助アプローチと臨床の知恵．金剛出版．

内田千代子（2010）21 年間の調査から見た大学生の自殺の特徴と危険因子―予防への手がかりを探る．精神神経学雑誌，**112**(6); 543-560.

第2章
教職員にできる予防的な関わり方（居場所作り・仲間作り）

江上奈美子

I　はじめに（スライド2）

　大学生活の中で，大学生は正課の授業を受けたり実験や実習に取り組んだり，部活やサークル活動などに励んだりして日々過ごしている。その生活の中で学生は多くの教職員とさまざまな場面で関わっている。教職員が，修学，研究，課外活動，事務手続きなどで学生に関わる際に，教職員の考え方，物事に取り組む姿勢，倫理観や生き方など，学生に与える影響は大きいと思われる。身近で信頼できる大人として関わりをもち，指導をしたり相談にのったりする中で，学生が安心感をもったり，学生の悩みが解決されることも少なくないだろう。物理的，心理的に距離が近いからこそ，学生の状態や状況を知り，学生相談などの学内の相談窓口につなげることも可能になる。学生が過ごしやすくなる環境の調整や整備にも対応できる。以上のことから，教職員の存在は学生のメンタルヘルス不調の予防という側面に大きく寄与すると推測される。

　大学生の悩みが多様化・複雑化していると指摘されて久しく，学生相談体制のさらなる充実化が求められている。近年の大学教職員は多忙であり，学生支援の充実まで手が回らないという意見もあるかもしれない。しかし，教職員が日常生活の中で少し工夫することにより，その工夫がより一層の効果的な学生支援につながる可能性がある。本章では学生への予防的な関わり方（居場所作り・仲間作り）について考えてみたい。

II　学生支援の体制について（スライド3～6）

　学生支援における教職員の役割を考える上で，以下の2つの報告を押さえておきたい。まず，2000年に出された『大学における学生生活の充実方策について

（報告）――学生の立場に立った大学づくりをめざして』では，「教員中心の大学」から「学生中心の大学」へ視点の転換が提言された。ここでは，正課教育だけでなく正課外教育も含めた大学生活全般の中で，学生の人間的な成長を図ることは教員の基本的な責任であると認識する必要があると述べられている。

　次に，学生支援を効果的におこなっていくための指針として，2007年に日本学生支援機構から出された『大学における学生相談体制の充実方策について――「総合的な学生支援」と「専門的な学生相談」の「連携・協働」』がある。ここでは，学生支援の望ましい在り方を検討するための基本的考えとして，すべての教職員と学生相談の専門家であるカウンセラーとの連携・協働によって学生支援が達成されること，大学は学生の個別ニーズに応じた学生支援を提供できるよう大学全体の学生支援力を強化していく必要があることが挙げられている。さらに，さまざまな課題やニーズを抱えた学生を大学全体で支えていくための諸活動は，学生支援の3階層モデルによって示されている。

　この学生支援の3階層モデルについて，以下に述べていく。まず，第1層は「日常的学生支援」である。学習指導や研究室運営，窓口業務などにおいて教職員が学生に日常的に接する中から，自然な形で学生の成長支援を行っている活動をさ

す。第2層は「制度化された学生支援」で，クラス担任制度，アカデミック・アドバイザー，オフィスアワー，なんでも相談，就職相談などの役割・機能を担った教職員による活動が該当する。学生の相互援助力を活かすピアサポートの活動もここに含まれる。第3層は「専門的学生支援」で，学生相談機関，保健管理センターなどの学内の専門機関が支援を行っていることをさす。第1層，第2層を超えてさらに困難な課題が生じたときに，第3層は問題の解決・改善の核となり，第1層，第2層を支え，かつ学外機関と連携を行う際の拠点となる。

　この学生支援の3階層モデルを効果的に機能させていくためには，各階層の交流および連携をとおし，互いに尊重しあい，ともに課題に取り組むことが求められる。また，常に学生の個別ニーズを把握し，そのニーズに基づいた視点を適宜組み入れていく姿勢が必要である。それによって各階層の相互理解を深め，支援の幅を広げることが可能となる。学生支援の実践に基づく各階層間での「情報交換」も不可欠である。

　これらはすべての大学において共通のモデルではあるものの，これらの取り組みにおける留意点として，各大学の個性・特色（教育理念・目標，大学の規模，学部構成，キャンパス特性，学生数等）によって，およびそこに集う学生（進学目的，得意科目，進路指向性など）によって望ましい学生支援体制はおのずと異なることが挙げられる（齋藤，2020）。さらに細かく述べるならば，同じ大学であっても学部学科それぞれに教育の仕方，考え方の違いがありうる。所属している大学の固有の特性をつかみ，時に他大学の様子も把握し，比較検討しながらよりよい学生支援を目指していくことが望ましい。

Ⅲ　大学生の居場所とは（スライド7）

1．居場所について（スライド8，9）

　大学生にとっての居場所とは，どんな場所または空間だろうか。

　まず，「居場所」という語への連想としては，「安らぎ（安心）」「居心地（心地良い）」「くつろぎ」などの肯定的な言葉が連想されやすいという（堤，2002）。

　居場所には「物理的空間」としての居場所と「心理的な居場所」の2つの種類がある。物理的空間とは，居る場所という「場」そのもののことをさす。学生によって異なるだろうが，家や大学内の教室，部室，研究室，図書館などが多く該当するだろう。場所だけでなく，近年では，会議システムを用いたオンライン上での居場所も生み出されている可能性がある。また，学生の中にはSNS上の関係性・コミュニティを居場所とする者もいるだろう。

　心理的な居場所の感覚については研究者によっていくつか知見が得られている。たとえば，則定（2007）は，居場所がある感覚を，「本来感」「被受容感」「役割感」「安心感」の４つの因子からなるとした。「本来感」とは，"～と一緒にいると，自分らしくいられる"，"ありのままの自分でいいのだと感じる"など，素の自分を出せるという感覚であり，「被受容感」とは"大切にされている"，"受け入れてもらっている"と感じる感覚である。「役割感」とは"自分にしかできない役割がある"，"～に役に立っている"などの感覚であり，「安心感」とは"いっしょにいるとほっとする"，"安心する"という感覚のことをさす。この知見から，教職員が学生の居場所作りを行う際には，学生が自分らしさを保ちながらも他者からも受け入れてもらえている感覚，さらには誰かの役に立っているという感覚をもてるような工夫を考えることが有用だろう。近年の居場所研究では，居場所という概念に「他者とのかかわり」という視点が入ることが多い。主に教育や福祉などの現場では他者との関係性を育むことで居場所としての機能がより果たされるとされている（石本，2010）。

2．「居場所がない」感覚（スライド10）

　ここで，「居場所がない」感覚についても触れておきたい。この「居場所がない」感覚については，「早くその場を去りたいという感覚（逃避願望）」「孤独感」「自分が何をどうしたらよいかよくわからない戸惑い感」の３つの感覚から成ることが示されている（飯田ら，2011）。また，堤（2002）によると，"自分が周りに受け入れてもらえない"，"自分だけ孤立している"など，自分が周りの人達から疎外されているという「対他的疎外感」と，"一人でいて寂しい"など，意識が主に自己に向けられた否定的な感覚である「自己疎外感」の２つがあるとい

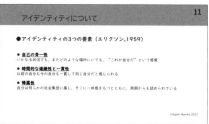

　う。集団の中にいても，その場から疎外されたり自分自身の存在価値があまり感じられないときに「居場所がない」感覚が生じるのだろう。「居場所がない」感覚が頻繁に，または継続的に感じられる場合，自信をなくし自己肯定感が下がる可能性が考えられ，不適応につながることも危惧される。

　居場所を持ちづらい大学生の例として，以下のような学生が挙げられる。支援の可能性をふまえ，教職員としては日頃から気にかけておくことが求められる。

・部活やサークルに参加していない学生
・授業を休みがちな学生
・復学してくる学生，留年している学生
・外部機関で研究をしている学生
・他大学から進学してきた院生，早期進学者，編入生など

　先述した「対他的疎外感」は，自殺の背景要因の1つとしてジョイナー (Joiner, 2009) に挙げられている「所属感の減弱」と重複する部分が大きく，自殺防止の観点からも居場所作りは重要といえる。

3．アイデンティティについて（スライド11）

　「居場所がない感覚」をもつと，肯定的な自己イメージでも揺らぎやすくなってしまう。逆に居場所があると，ありのままの自分でいいのだと自分を肯定し受け入れることができる。

　この感覚は，エリクソン（Erikson）の示したアイデンティティという概念と関連がある。エリクソンはアイデンティティを，「自己の斉一性」「時間的な連続性と一貫性」「帰属性」の3つからなる主体的実存的感覚，または自己意識の総称として概念化した。「自己の斉一性」とは，「いかなる状況でも，またどのような場所にいても"これが自分だ"という感覚」であり，「時間的な連続性と一貫性」については，「昨日の自分と今日の自分は同じだという感覚」，「帰属性」は「自分

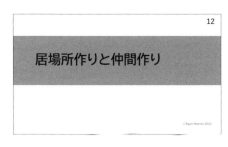

はいまこの社会集団に属しているという感覚」のことである（佐方, 2004）。青年期後期ではこれらの感覚を自分自身に認め，かつ周囲の人からも認められていると感じられる状態が望ましいといえる。このアイデンティティは青年期の発達課題であり，居場所をはじめとした安心，安定した環境でより確かなものになっていくと思われるが，この環境が揺らぐとアイデンティティが確立しづらくなる可能性がある。

　青年期後期は親からの心理的独立が課題となる時期であり，親子関係の再構成のため家族内では精神的に安定しにくい場合がある。そのような時期において，大学内で長期的に安定した居場所があると，学生の心理面も安定すると思われる。

Ⅳ　居場所作りと仲間作り（スライド 12）

1．一般的な学生への関わり方（スライド 13, 14）

　学生への一般的な接し方，関わり方としては，学生の話を最初から最後まで丁寧に聴くこと，受容的・共感的に接することが基本である。また，学生を対等の立場であると考え，一人の人間として敬意をもって関わることも大事である。学生と教職員では，教職員のほうが年上である場合がほとんどであり，特に教員からみると指導する側として優位にたちやすい。そのような上下関係になりやすい状況を理解し，話しやすい空気をつくるためにもなるべく対等なスタンスで話すことが大切である。つい自分の体験や意見をたくさん話したくなってしまうことがあるかもしれないが，基本的には学生の話を聴く側にまわることが求められる。学生によってはおとなしかったり反応に乏しかったりして戸惑う場合があるかもしれないが，学生の心情や状況を理解し受け入れようとする態度を示せば，学生も心を開いてくれる可能性が高まる。逆に心理的な距離感が近い学生に関しては，

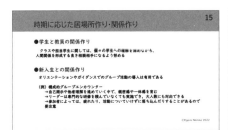

教職員側がほどよく調節していくことが必要になるだろう。また，質問や問い合わせのあった情報については正確に伝え，もし間違えたことがあれば素直に謝ることも大事である。なお，すでに予定や先約がある場合など，話を聞けない状況のときは無理をせず，学生に理由を伝え，代替案を提示すると良い。

　さらに，ふだん学生と関わる中で，元気がないなどいつもと様子が違う学生に気づくことがあるだろう。明らかに支援が必要だと判断される学生に出会うこともある。基本的には先述の一般的な接し方と変わらないが，以下の８つの点について特に意識して関わると良い。①様子を見て声をかけ，学生が安心できる場所でゆっくり話を聴く，②学生の立場に立って，学生の心情を理解するよう努める，③無理に話を聞きださない，④否定しない，⑤説教しない，⑥結論を急がず一緒に考える，⑦相手の意向を尊重したサポートを心がける，⑧必要に応じて，学内の相談窓口に紹介する，である。学内の相談窓口に紹介した場合，そのあとも関わりを終えるのではなく，相談窓口の担当者と連絡をとりながら，それぞれの立場から継続的に関わっていくことが望ましい。

2．時期に応じた居場所作り・関係作り（スライド15，16）

　学生と教職員の関係作りとしては，まず，クラスや担当学生に関しては個々の学生への理解を深めつつ，人間関係を形成する良き相談相手となるように努め，親睦を深める試みを行うことが重要である。大学に入学したばかりの新入生に対しては，特にきめ細やかな関わりや支援が求められる。新入生のオリエンテーションやガイダンス等の機会で学生間の関係づくりをねらうのであれば，グループ活動の導入は有用である。学生相談におけるグループ活動の代表的なものに「構成的グループエンカウンター」がある。この構成的グループエンカウンターとは，自己開示や他者理解を進めていく中で，互いの心を開き親密な関係を体験する活動である。リーダーは専門的な研修を積んでいなくても実施することができ，150〜200人の学生でも対応できる。グループ活動を通して，学生は自身の気もちや感情を率直に表現し，また他者の気もちや感情を傾聴していくというプロセスを

たどり，やがて親密感や一体感を強めていく。この一連の活動によって，人間関係の構築や変化を感じることができるため効果や意義が感じられるだろう。一斉進行が可能であることがこのグループ活動のメリットになるが，参加者によっては疲れたり，活動についていけず落ち込んだりすることがあるので，リーダーは注意深く参加者の様子を把握することが求められる。

　比較的容易に実施できるエクササイズの例として以下のようなものがある。

①導入（ウォーミングアップ）：教室内を自由に歩きまわり，名前を言ったり握手を交わしたり質問したりする
②二人一組：向かい合って座り，相手について聞きたいことを質問する
③自己紹介：自分に関する情報のほか，自分の価値観に関連したこと，過去・現在・未来に関連したことについて，可能な範囲で自己開示をする
④他己紹介：二人一組が合体して四人組となり，各自が自分のパートナーを新しい二人に紹介する

　さまざまなエクササイズやアイスブレイクを紹介している書籍が多く出版されており，インターネット上でも具体的な例が紹介されているので，ぜひ参考にされたい。

　やがて，大学生活に慣れ人間関係が構築されてきた後でも，大学生にとって学習上のつまずきが不適応につながっていくケースも少なくないため，オフィスアワーなど，学生が気軽に講義の内容について質問できるような場があると望ましい。また，少人数授業では個々の学生と積極的にかかわること，授業等の小集団活動では孤立しがちな学生を見守ることなどを心がける。グループ分けの工夫や，学生間の交流のサポート等を必要に応じて行う。

　大学生にとって，研究室配属がなされた後は，研究室が居場所になる場合が多いだろう。研究室を運営する教職員としては，研究室内の学生の人間関係に注意を配り，交流づくりを心がける。ふだんからコミュニケーションを取りながら学生の様子に目を配り，変化やサインに気づくようにするとよい。気になる変化の例としては，たとえば研究室でぼんやりすることが増えた，遅刻・欠席が増えた，一人でいることが増えた，などが挙げられる。また，研究面での進捗が，心身の調子のバロメーターになることが多いので，定期的に研究の進捗を確認することも有効である。

　研究室内では学生間のトラブルにも注意が必要である。トラブルにあった学生とトラブルを起こした学生に対しては，それぞれできる限り中立的に接する。状

況が深刻な場合は，学生本人にハラス
メント相談室やカウンセリングを勧め
る，もしくは，まず教員が相談施設を
利用する。トラブル後のアフターフォ
ローも心がける。

3．事務職員の関わり（スライド17）

　事務職員は，履修や学生生活の手続きなどにおいて大学生と接する機会が多い。
相談をもちかけられることも少なくないだろう。その対応によって学生が安心で
きたり励まされたりすることもありうるし，社会的成長のきっかけにもなりうる。
学生の視点に立ち，相談しやすい雰囲気づくりを心がけ，学生のニーズに適切に
応えられるようしていくことが求められる。対応している学生のことが気になっ
たら，もうひと声かけてみるという積極的な態度も良いだろう。なお，頻繁に訪
れたり，コミュニケーションがとりづらかったり，窓口で急に怒りだしたりなど
気がかりな言動が見られる学生がいたら，他部署や専門機関に相談してみること
を検討するのも良い。

　また，学生支援の経験が豊富な職員を学生対応の専門職員として位置づけ，学
生支援の中心的なスタッフとして学内に配置していくことも有効だといえる。

4．組織としての対応（スライド18，19）

　大学という組織で対応する中で，学内において物理的空間として実際に居場所
を整備する場合，その例として，フリースペース，サロンなどの談話室が挙げら
れる。談話室はおもに相談機関の一部を開放している場合が多い。通常，談話室
は複数の学生が同時に利用する場合もあるため学生同士の交流が期待できるが，
一方でトラブルが生じる可能性もあるので，担当者は注意を払う必要がある。緊
張解消のために一人で過ごしたい学生もいるため，静かで安心できる休憩場所も
あるとよい。

　また近年は，なんでも相談窓口の設置や，学生が学生を支援するピアサポート
の取り組みが多くの大学で実施されている。学生支援を担当している事務職員が
運営しているところが多いだろうが，何らかの形で学生相談担当者（カウンセラ
ーなど）も一緒に活動していたり，または連携していたりする場合も多いだろう。
なんでも相談窓口は，学生の相談に対するハードルを下げる役割があるほか，学
内の相談窓口に適切に紹介する機能もある。ピアサポートは学生による学生への
相談・支援活動で，学生同士で助け合う相互扶助の精神が育まれる。相談にのる

側の学生においても他者の視点や思考
になる機会をもつという教育的効果や
社会的成長があるという。大学によっ
ては相談件数が少ないなどの課題を抱
える可能性はあるが，学生の居場所と
なりうる場として期待できる。

　サークルや部活動などの学内での活
動や，ボランティア活動，インターンシップ，留学などの学外の活動に関して，
修学や研究に直接的に関係がなくても，大学生が仲間との関係性の中で成長して
いくという点で非常に貴重な経験となりうる。これらは，組織の中での役割と責
任，チームワーク，縦と横の人間関係などの経験と学びの場であり，心理的にも
社会的にも成長していく機会となる。大学はその意義を認識し，必要な環境整備
を行うとともに，学生の自主性を尊重し，制限しすぎない適度な指導と支援を継
続して行うことが重要である。

5．学生支援士について（スライド20）

　日本学生相談学会において，2012年度から学生支援士という資格の認定制度
を運営しているため，この資格について以下に紹介する。この資格は，学生支援
に関わる教職員が援助資質，援助技能を向上させることを目的としており，その
実践に求められる5つの力として，「学生個人のアセスメント」「大学環境のアセ
スメント」「援助技能」「大学コミュニティへの働きかけ」「大学カウンセラーとの
連携・協働」を挙げている。学生の権利に関する正しい知識をもち，職務の遂行
に際して学生の権利を擁護するとともに支援者として倫理的な行動がとれること
などが求められている（吉良，2020）。資格取得には研究プログラムの受講やレ
ポート執筆，面接審査などが課される。詳細は日本学生相談学会のホームページ
から確認できる。

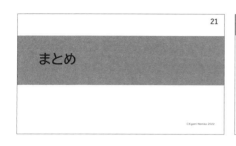

V　まとめ（スライド21, 22）

　教員や事務職員は，大学生にとってとても身近な存在である。学生が大学の中でも安心して過ごせる場が持てるように，教職員は居場所作りや関係づくりをこころがける。さらに，学生同士の居場所作りや仲間作りをうながすことで，"ありのままでいられる"，"役に立っている"という感覚が学生の中で育まれると，学生のメンタルヘルスはより向上していくと思われる。

　学生支援においては，教職員が日常的な学生支援から役割を担った支援まで広く行い，時に学内の専門機関と連携・協働していくことで学生支援体制を充実させていくことが可能となる。教職員の横のつながりも大事であるため，ふだんから同僚同士で相談しやすい円滑なコミュニケーションをこころがける。

　近年の大学教職員は，教育・研究だけでなく，学内業務などさまざまな仕事を抱え，大変多忙な日々を送っている。これまで述べた学生対応は，特別なことをやるというよりも，まずは無理をせず可能な範囲で可能なことからやるというところから始めると良いだろう。そうすればおのずと学生との日常での関わりが変化していく可能性がある。まずは少しの工夫や心がけから始めてみるのはどうだろうか。

　　文　　献

Erikson, E. H. (1959) *Identity and the Life Cycle.* Psychological Issues, No.1. International University Press.（小此木啓吾訳編（1973）自我同一性―アイデンティティとライフサイクル．誠信書房．）

飯田沙依亜・甲村和三・舟橋厚ほか（2011）大学生の居場所に関する研究―居場所のなさに着目して．愛知工業大学研究報告, **46**; 49-55.

石本雄真（2010）こころの居場所としての個人的居場所と社会的居場所．カウンセリング研究, **43**(1); 72-78.

Joiner, Jr., Van Orden, K. A., Witte, T. K., et al. (2009) *The Interpersonal Theory of Suicide: Guidance for Working with Suicidal Clients.* American Psychological Association.（北川俊則

監訳（2011）自殺の対人関係論―予防・治療の実践マニュアル．日本評論社．）

吉良安之（2020）学生相談の現在．In：日本学生相談学会編：学生相談ハンドブック［新訂版］．学苑社，pp.20-21．

日本学生支援機構（2000）大学における学生生活の充実方策について（報告）―学生の立場に立った大学づくりをめざして．https://www.mext.go.jp/b_menu/shingi/chousa/koutou/012/toushin/000601.htm（2022 年 11 月 25 日閲覧）

日本学生支援機構（2007）大学における学生相談体制の充実方策について―「総合的な学生支援」と「専門的な学生相談」の「連携・協働」．https://www.jasso.go.jp/gakusei/publication/jyujitsuhosaku.html（2022 年 11 月 25 日閲覧）

日本学生相談学会（2014）学生の自殺防止のためのガイドライン．https://www.gakuseisodan.com/wp-content/uploads/public/Guideline-20140425.pdf（2022 年 12 月 12 日閲覧）

則定百合子（2007）青年版心理的居場所感尺度の作成．第 49 回日本教育心理学会総会発表論文集，337．

齋藤憲司（2020）学生相談の理念と歴史．In：日本学生相談学会編：学生相談ハンドブック［新訂版］．学苑社，pp.25-44．

佐方哲彦（2004）アイデンティティ．In：氏原寛ら編：心理臨床学辞典．培風館，pp.1038-1040．

堤雅雄（2002）「居場所」感覚と青年期の同一性の混乱．島根大学教育学部紀要（人文・社会科学），**36**; 1-7．

第3章

メンタルヘルスに問題を抱えた学生の対応

舩津文香

I　はじめに

　学生に対し医療的な支援を行う医師や学生相談を職務とするカウンセラーはもちろん，大学関係者が教育的な指導・支援を行う場合もメンタルヘルスに問題を抱えた学生への対応が必要となる。この章では，大学生のメンタルヘルスと発達課題，大学生におこりやすいメンタルヘルスの問題についてまとめ，メンタルヘルスに問題を抱えた学生の対応について整理する。

II　大学生とメンタルヘルス（スライド2）

1．メンタルヘルスとは（スライド3）

　世界保健機関（WHO）は，メンタルヘルス（Mental Health）を「すべての個人が自らの可能性を認識し，生命の通常のストレスに対処し，生産的かつ効果的に働き，コミュニティに貢献することができる健全な状態」と定義している。メンタルヘルスが良好であるということは，人がある程度健康であると感じ，課題やストレスがありながらも，その人らしさや能力を発揮しながら日常的な生活や活動を営むことができる状態であろう。一方メンタルヘルスの問題とは，「精

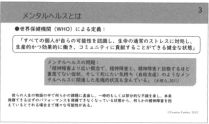

神障害より広い概念で，精神障害と，精神障害と診断するほど重度でない症状，そして死にたい気持ち（自殺念慮）のようなメンタルヘルスに関連した危機的状況も含んで」(Kitchener et al., 2017) いる状態である。

つまり大学生のメンタルヘルスの危機の支援は，彼らが人生の物語の中で何らかの課題に直面し，一時的もしくは部分的な不調を来し，本来発揮できるはずのパフォーマンスを発揮できなくなっている状態から，何らかの精神障害を抱えているとされる場合までを広く包含する支援である。

2．大学生の生きる時期の心理的特徴（スライド4）

本邦における大学生の多くは，一般的にも課題やストレスが多いとされる「青年期」を生きている。青年期とは子どもから大人への移行期であり，自身の価値やあり方の模索（アイデンティティの確立），自身の親や友人との新たな関係性の構築，ホルモンバランスの大きな変動など，心身のバランスが不安定になりやすい時期であるため，精神症状の好発期でもあるとされている。さらに大学生においては，一人暮らしが始まったり，高校生までより能動的・主体的に自分を律することが求められたりと大きな環境の変化に置かれる場合も多く，自分自身の内面の変化だけでなく環境にも適応していくことを課される。さらに吉川（2020）が「日本の場合，留年や休学，浪人が忌避される傾向が強く，就職にあたっても新卒者の偏重が見られる」と述べているように，「世間的に」「一般的に」というプレッシャーの中で社会人になる準備を求められると言って良いだろう。

Ⅲ　医療との連携が必要なメンタルヘルスの問題（スライド5）

多くの変化とストレスに晒される大学生においては，医療的な介入が必須となる場合も多い。ここでは，大学生によく起こる，医療との連携が必要なメンタルヘルスの問題の中でも「適応障害」「うつ病」「統合失調症」について概説し，医療機関における一般的な対応について触れる。

1．適応障害（スライド6）

適応障害とは，何らかの心理社会的ストレス因子または複数のストレス因に対

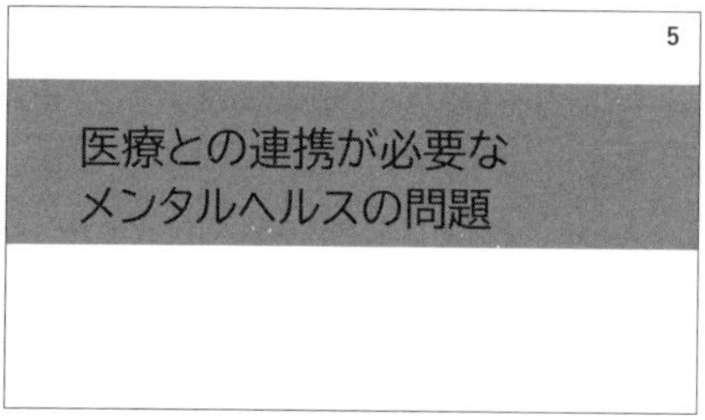

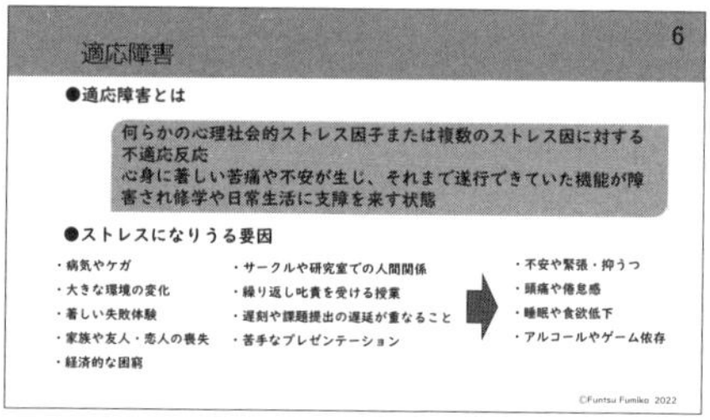

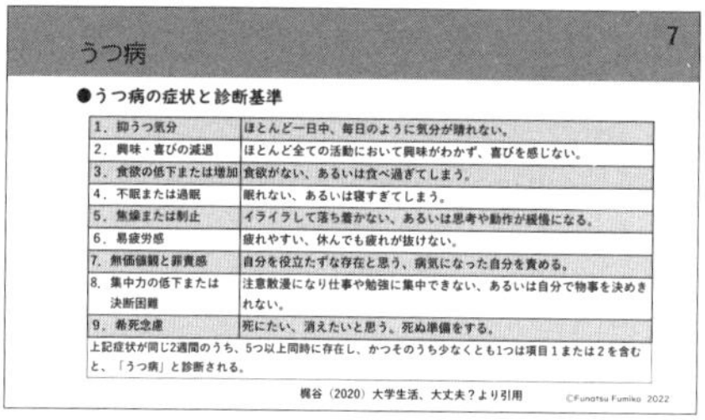

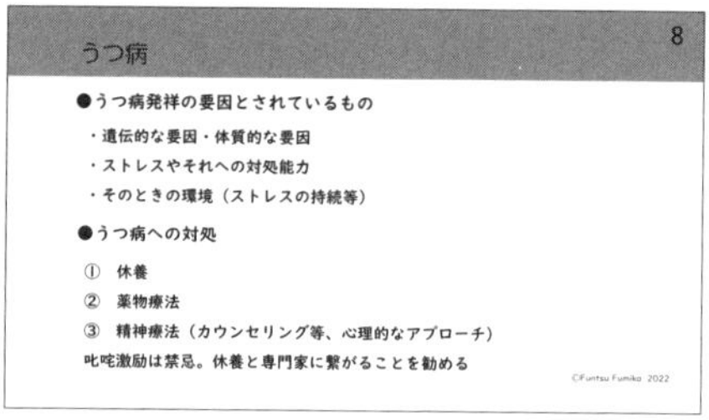

する不適応反応であり，心身に著しい苦痛や不安が生じ，それまで遂行できていた機能が障害されて修学や日常生活に支障を来す状態のことである。「ストレス」とは，病気やケガ，大きな環境の変化，著しい失敗体験，家族や友人・恋人の喪失，経済的な困窮など，日常生活には不可避なものとして生じうるが，大学生活においては例えばサークルや研究室での人間関係，繰り返し叱責を受ける授業，遅刻や課題提出の遅延が重なること，苦手なプレゼンテーションなども，不適応に繋がるストレスとなり得る。

何が「ストレス因子」となり，そのストレス因子がどのくらいの強度を持ってその人に影響を与えるかは人それぞれであり，不安や緊張･抑うつなどの心理面，頭痛や倦怠感，睡眠や食欲低下などの身体面に現れ修学自体が阻害されたり，アルコールやゲーム依存などの回避行動に繋がったりと，多岐に現れる。「適応障害」は，ストレスの元となる原因がなくなれば消失するため，状況が変化したことで回復することもある。しかしストレス状況が維持されれば「うつ病」に発展することもあるため，注意が必要である。

2．うつ病（スライド7，8）

うつ病という言葉は今では一般にも良く知られた言葉となったが，大学生でも「うつ病」やその他抑うつ障害群に分類される症状と診断され，修学に著しい支障を来したり，休学や退学を余儀なくされたりする学生は多く，うつ病を含む気分障害は，休学理由となる精神障害の50.0％を，退学の理由となる精神障害の48.2

表1　うつ病の症状

1．抑うつ気分	ほとんど一日中，毎日のように気分が晴れない。
2．興味・喜びの減退	ほとんど全ての活動において興味がわかず，喜びを感じない。
3．食欲の低下または増加	食欲がない，あるいは食べ過ぎてしまう。
4．不眠または過眠	眠れない，あるいは寝すぎてしまう。
5．焦燥または制止	イライラして落ち着かない，あるいは思考や動作が緩慢になる。
6．易疲労感	疲れやすい，休んでも疲れが抜けない。
7．無価値観と罪責感	自分を役立たずな存在と思う，病気になった自分を責める。
8．集中力の低下または決断困難	注意散漫になり仕事や勉強に集中できない，あるいは自分で物事を決めきれない。
9．希死念慮	死にたい，消えたいと思う。死ぬ準備をする。

上記症状が同じ2週間のうち，5つ以上同時に存在し，かつそのうち少なくとも1つは項目1または2を含むと，「うつ病」と診断される。

※梶谷（2020）より引用

％を占める（国立大学保健管理施設協議会，2021）。

　うつ病の発症の原因には，遺伝的な要因や体質的な要因，ストレスやそれへの対処能力，そのときの環境などさまざまな要素が絡み合っているとされており，「憂鬱な気分」だけではなく，食欲や睡眠，疲れやすさや思考力の低下など，複数の症状が2週間以上続く場合に診断される（表1）。うつ病・抑うつ状態に陥っている学生は「動けない」「頭が働かない」などの状態から授業や研究に取り組めなくなったり，眠れない・食べられないなどの症状から生活を維持することが困難になることも多い。梶谷（2020）はこの状態を「脳がうつ病の状態」と説明しており，つまり「脳内の神経伝達物質が長期間不足し，脳が機能不全を起こしている状態」であるため，気合ややる気では克服できない。脳がうつ病の状態になると，何はともあれ休養することが重要であり，かつ薬物療法が推奨され，並行して精神療法（カウンセリング等，心理的なアプローチ）が有効であると言われている。学生がこの状態にあるとき，叱咤激励は禁忌であり，休養と専門家に繋がることを勧める必要がある。

3．統合失調症（スライド9）

　統合失調症は世界的な障害発病率は0.8～1.0％程度と言われている疾患であるが，10代後半から30代に発病するとされており（松坂ら，2020），大学生は統合失調症の好発期であると言える。精神疾患を理由として休学する学生の8.9％，また退学した学生の10.5％が統合失調症と高い割合である（国立大学保健管

表2　統合失調症の症状の一部

（1）妄想
（2）幻覚
（3）まとまりのない発語（頻繁な脱線または滅裂）
（4）ひどくまとまりのない，または緊張病性の行動
（5）陰性症状（感情の平板化，意欲の欠如）
（基準Ａ）上記症状のうち2つ（またはそれ以上），各々が1カ月間ほとんどいつも存在する

DSM-5 精神疾患の診断・統計マニュアル（日本語版）
日本精神神経学会（2014, 医学書院）より一部抜粋

理施設協議会，2021）。

　統合失調症の症状の一部を表2に示す。症状の中の陽性症状と言われるものは，幻覚や妄想などの異常体験，まとまりのない発言など，周囲からは了解しにくい言動として表れる。また活動や思考が低下したり，家に引きこもるようになるなど，うつ病かと思われるような状態（陰性症状）が主な症状である場合，状態に気付かれにくいこともある。統合失調症の治療のためには薬物療法が必須であり，現在においては治療によって社会復帰が可能なくらい回復することもできる。ただし服薬の継続が重要である一方，自分が病気であるという理解が持ちにくい（病識の欠如）ため治療からのドロップアウトも多く，治療の継続のために家族の支援があることが望ましい。学生が統合失調症を発症している可能性がある場合は必ず医療機関に繋ぐ必要があり，また治療により修学に復帰した後も，本人の健康状態に留意し治療の継続や再開の可能性について注意深く見守る必要があるだろう。

▎4．医療機関におけるメンタルヘルスの問題への対応

　医療的な介入が必要となった時，多くの場合は精神科もしくは心療内科を受診する。心療内科とは，こころが体に及ぼす症状（「心身症」と言われる）を主に対象とし，例えば吐き気や頭痛が続く，動悸がしたりお腹が痛くなりやすい等，体の症状の背景に心理的なきっかけやストレスが考えられる場合が専門となる。一方精神科とは，統合失調症やうつ病を始めとする精神病圏の疾患そのものを主な対象とし，基本的には全ての精神疾患の治療を行うところである。ただし受診のハードルを下げるた

めに「心療内科」を標榜する精神科も多いため，実際には受診したい医療機関の
ウェブページなどでどのような相談を受け付けているか事前に確認すると良いだ
ろう。また，軽い不眠程度の相談であれば，患者の状態によっては内科で対応し
てもらえることもあるため，やはり受診前に電話で相談されることがお勧めであ
る。

　精神科も心療内科も身体疾患の診療科と同様に，初めは問診により困っている
ことを聴き取り，必要に応じて検査等を行い，医師による医学的な診断のもとに薬
物療法や精神療法などの必要な治療が提案され，患者やその家族の了解のもとで
治療が開始される（このプロセスに数回の診察を要する場合もある）。また，本人
が受診する前に家族が学生本人の症状について相談できる（精神保健相談）病院
やクリニックもあるため，家族が学生本人の状態を把握しており，かつ受診につ
いての不安や疑問が大きい場合，事前の相談を家族に勧めても良いかもしれない。

Ⅳ　メンタルヘルスの問題を抱える学生を支える構造（スライド10）

1．学生支援の3階層モデルと「専門的学生支援」（スライド11）

　次に，メンタルヘルスの問題を抱えた学生に対する，大学全体での対応につい
て考える。日本学生支援機構（2007）は，学生支援について「日常的学生支援」
「制度化された学生支援」「専門的学生支援」から成る3層構造を提唱した（図
1）。メンタルヘルスに問題を抱える学生に直接的な支援を提供するのは，第3層
の「専門的学生支援」となる。

　「専門的学生支援」とは，「保健管理センター」などと呼ばれる「保健室」に相
当する施設や学生相談機関，障害学生支援の部署などが担う。ここには保健師・
医師・カウンセラー（臨床心理士）などが配置されているが，大学の規模によっ
て配置人数や常勤／非常勤等の形態はさまざまであり，その体制や連携の窓口を
把握しておくと良い。メンタルヘルスに問題を抱える学生の支援は，多くの場合，

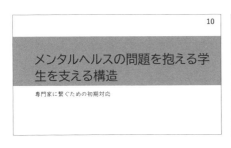

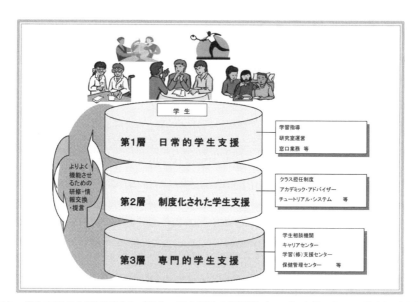

図1　学生支援の3階層モデル（出典：日本学生支援機構（2007）大学における学生相談体制
　の充実方策について－「総合的な学生支援」と「専門的な学生支援」の「連携・協働」）

精神科医もしくはカウンセラーが担当する。先述したように医師は医学的な診断
および治療を行う。カウンセラーは心理支援（カウンセリング）を行う心理学の
専門家であり，個々の心理士の専門性によっては心理検査や集団療法，芸術療法
などのアプローチを行うが，薬による治療は行わない。学生が精神症状や身体症
状を伴うなどカウンセリングのみでは改善が見込まれにくい場合，また診断が必
要な場合は医師と協働する必要があり，学内外医療機関と連携を担う。この場合，
学生本人への提案や意思確認・話合いを経て，基本的には本人の了解のもとで医
療機関への情報提供や，必要な場合は予約等受診への段取りの支援を行う。

2．3層モデルにおける協働と連携

　学生にメンタルヘルスの問題が生じたとき，学生自身が自発的に専門的支援に
繋がることが理想的である。しかしメンタルヘルスの問題を持つ学生の多くは支
援を求めない場合や，支援を求めるまでに時間がかかる場合が多い。支援機関の
存在や具体的な相談方法を知らなかったり，専門家に相談した方が良い状態であ
ることに学生自身が気付いていなかったり，援助希求行動自体が苦手であったり
するために，一人で悩み，内側に閉じこもってしまうケースは少なくない。そん

なときに「授業や研究室に出てこない」「いつもと明らかに様子が違う」「それまでできていたことができなくなっている」など不調のサインを最初にキャッチできるのが，授業や研究指導などで日常的に接する機会のある教職員であることが多く，ここから支援に繋がる一歩を踏み出せることが望ましいのである。つまり，メンタルヘルスに問題を抱えた学生に対して，日常的に，またはある特定の場面において学生と接している第 1 層や第 2 層の教職員が「専門的支援」への橋渡し役を担い，教育の場における適応を支援できることが望ましい。

　しかし同時に，「支援が必要な状態かもしれないと感じても，対応に戸惑う」「学生相談に紹介したいが，何と声を掛けたらよいのかわからない」「詳しい様子を聞きたいが，どこまで踏み込んで聞いてよいのかわからない」などという声も多く聞かれる。そこで本稿では，メンタルヘルス・ファーストエイド（Mental Health First Aid; MHFA）の考え方を参考にしながら，学生への対応の仕方について考えていきたい。

V　メンタルヘルスの問題を抱える学生への対応（スライド 12）

1．メンタルヘルス・ファーストエイドに基づく一般的な対応（スライド 13 ～ 18）

　メンタルヘルス・ファーストエイド（以下，MHFA）とは，心の健康の問題を抱える人に対して，専門家的な支援に繋ぐ前の段階で提供する支援のことである（Kitchener et al., 2017）。MHFA では，初期支援を①リスク評価，②判断・批判せず話を聞く，③安心と情報を与える，④サポートを得るように勧める，⑤セルフヘルプ，の 5 原則に基づいて提唱しており，これに基づき大学生の支援を想定して考えてみたい。なお，ここでは学生のメンタルの不調に最初に気付き関わる人について「初期支援者」という言葉を用いる。初期支援者は，指導教員やメンター教員，学生支援担当教員，事務窓口で学生対応を行う職員など，さまざまな関係者が該当しうる。

①リスク評価（り：声をかけ，リスクを評価し，その場でできる支援を始める）

　学生がメンタルヘルスの問題で困っていることに気付いたら，まずは初期支援者が心配していることを伝えたい。学生と話をするときは，周囲に第三者がいる場所やざわざわと落ち着かない場所，突然人が入ってきて話が遮られる可能性がある環境は避け，お互いに落ち着いて話せるような時間と場所を確保しよう。タイミングとしては，初期支援者にとって気持ちを焦らせるような予定が直後に入

っていないときが望ましいだろう。

②判断・批判せず話を聴く（は：決めつけず，批判せずに，はなしを聞き，コミュニケーションをとる

　話す準備ができたら，学生の話を丁寧に傾聴したい。話を聴くときは「決めつけない」「批判しない」ことが重要なポイントであるが，このことは存外難しい。話す側が「決めつけられた」と感じる場合でも，聴く側は「きっとこうなのだろう」と自分なりに想像力を働かせて理解しようとしているつもりであったかもしれない。また話す側が「批判された」と感じる場合でも，聴く側は「この人の誤りを正してあげた方が良い方向に向かうはず」と信じている場合など，悪意ではないことが多い。さらに，頭に浮かんだことや伝えたいことを即座に言葉にせず「聴く」ことに徹するとき，人は「言葉にしたい衝動」を抑えるためにエネルギーを使うため，疲れるものである。話を聴くときは「人はつい何か言いたくなってしまうものである」ということを意識し，言葉を発する前にそれが適切か考えるように心がけたい。

　また初期支援者が学生に何かを伝える時には，主語を「私」で伝えると良い場合が多い。例えば，「（あなたは）最近研究室に全く来ていませんが，理由は何ですか？」と尋ねると，学生からは詰問や叱責されているように感じる可能性がある。これを「私は，あなたが最近研究室に全く来れていないのには，何か理由があるのだろうと心配しています」という言い方にすると，初期支援者が事情を知

りたいと思っていることや，心配しているというメッセージを侵襲性が低い形で伝えやすい。

メンタルヘルスに不調を来している学生が自身の状況や気持ちなどを「誰かに」話すことができたならば，まずは大きな一歩である。

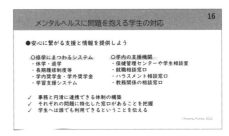

③安心に繋がる支援と情報を提供しよう（あ：あんしんにつながる支援と情報）

初期支援者が学生の話を聴くことができたら，その人が全てのサポートを行わなければならないわけではなく，まずは大学の内外にも学生をサポートするためのシステムや施設があり利用できることを共有したい。学生がそれらの施設やシステムをすぐに利用しないとしても，学生の安心感や第二の活路を産むことに繋がる。

修学にまつわるシステムとしては，休学や退学が考えられ，大学によっては長期履修のシステムが利用できる場合もあるかもしれない。また，休学や留年を余儀なくされる場合，学費や一人暮らしのための生活費が不安で休学に踏み切れないなどの場合，奨学金のシステムについて案内できると良いし，教員が全てを把握していなくとも事務と円滑に連携できる体制を整えておくことが望ましい。勉強面での問題が大きい場合，学内に学習支援のシステムなどがあれば，それらを利用することも有効かもしれない。

学内の支援機関としては，学内の保健室である保健管理センターや学生相談室，就職相談窓口，ハラスメント相談窓口，教務関係の相談窓口が考えられるが，意外なほど学生がそれらを知らない場合も多いように思う。初期対応を担う教員が，それぞれの問題に特化した窓口があることを把握しておくと同時に，学生へは誰でも利用できるということを伝えたい。

④専門家のサポートを受けるように勧めよう（さ：専門家のサポート）

学生が安心した雰囲気で自身の状況を話すことができ，教育的なサポートのみでは支援が困難であると思われたとき，「専門家の支援を求めることができる」と認識してもらうことが重要である。しかし，学生が専門家の支援を受けたくないと考えている場合もあるため，まずは学生が現在の気持ちに対する支援を必要としているかを尋ねよう。学生が専門家の支援を受けたくない場合は理由を丁寧に尋ね，自傷他害のリスクが低い場合は本人の意志を尊重することも大事である。

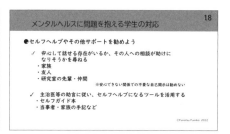

医療機関の受診を提案する際は，伝え方によっては「病気だと決めつけられた」などかえって拒否感を強めてしまう場合もあるため，十分な信頼関係を築いておくことが必要となる。学生が「外部の医療機関受診には抵抗があるが，学内での相談機関であれば利用しても良い」と考えていることも多いため，その場合は是非学内の専門家に繋げたい。

　また，初期支援者自身が学生の対応について専門家の助言を求めることも有効である。「このような学生がいるのだが，どのように対応したらよいだろうか」と相談することで，初期支援者の負担を軽減し，学生への支援の手を増やすことができる。

⑤セルフヘルプやその他サポートを勧めよう（る：セルフヘルプなどのサポート）

　専門家以外にも，可能であれば家族や友人などからのサポートを得ることも勧めたい。学生がそれらの関係性に安心感を持てない場合には不要な自己開示を促すものではないが，身近な存在から支援されているという感覚を持てることは回復に繋がりやすくなる。学生に安心して話せる存在がいるか，その人への相談が助けになりそうかを尋ねてみよう。

　また，セルフガイド本や当事者・家族による手記などが多く出版されており，これらが非常に助けになる場合もある。ただし，どういった内容や対処法が有効であるかは不調の程度や個人の志向によっても異なるため，何が本人に合っているかわからない状態で強く勧めることは避けたい。

▌2．死にたい気持ちやその行動があるとき（スライド 19 〜 23）

　初期支援を行う際，学生が死にたい気持ちを抱えていたり，死のうと試みているなど，より危機的で緊急性が高い場合がある。そのような場合，初期支援者の重要な役割はやはり「専門家に繋ぐ」ことであると言える。ここでは MHFA の行動計画に基づいて，緊急かつ危機的な状況での対応の仕方について考える。

 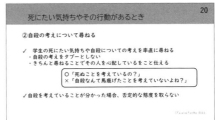

①自殺のリスクについて評価し，声をかける

　希死念慮・自殺企図のサインとして考えられることを表3に示す。

　これらに二つ以上該当する場合もあれば，いずれも該当しないように見える場合もある。しかし一つも該当しない場合であっても，初期支援者が自殺の危険を感じ取った場合，声をかけ心配していることを伝える必要がある。

②自殺の考えについて尋ねる

　自殺の危険を感じ取った場合，学生の死にたい気持ちや自殺についての考えを率直に尋ねることが必要である。「尋ねることで自殺についての考えや行動を引き出してしまうのではないか」「刺激して行動を促進してしまうのではないか」と躊躇されるかもしれないが，その自殺の考えをタブーとすることは望ましくなく，きちんと尋ねることでその人を心配していると伝えるメッセージにもなる。

　自殺を考えていることが分かった場合，尋ねた方はショックを受けたり動揺したりすることは当然の反応であるが，この時否定的な態度を取らないことも重要である。

③話を聞き，安全を保つために力を合わせる

　学生が自分の気持ちについて話してくれる時，誠実かつ丁寧にその話を聴きた

表3　自殺のリスクを評価する

・自分を傷つける，「死にたい」と話す。
・自殺する方法を探している。
・絶望感・行き詰まり感が強く，「死ぬ以外に方法がない」と感じている。
・友人・家族・研究室などのコミュニティから孤立している
・不安・焦燥感，不眠または過眠が強い

※メンタルヘルス・ファーストエイド こころの応急処置マニュアルとその活用（2017）
　　第3章 メンタルヘルスの危機的状況に対するファーストエイドより

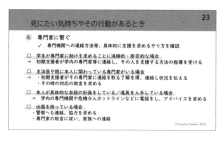

い。話を聴くときのポイントを表4に示す。ここでは，相手に「話しても大丈夫だ」と思ってもらえることが大事であり，学生が泣いたり，怒りを表現するなど，さまざまな感情を出した場合にはそれらを表現しても良いのだということを伝える（表4）。

　話を聴くことができたら，学生の安全を確保する必要がある。ここでは危険な行動を「禁止する」というよりは，死に向かう行動をとらないために本人ができる行動を，一緒に考えることが重要である。この時，本人が「それならできる」と思えることを一緒に探したい。また，家族の支援が本人の安全確保に繋がることが期待できる場合，極力初期支援者が家族に連絡する了解を得，家族の支援を求めたいところである。

④専門家に繋ぐ

　次に，できるだけ早く専門家の助けを得るように学生に勧める。かつて支えになった人や専門機関への連絡方法等，具体的に支援を求めるやり方を確認しよう。学生が専門家に助けを求めることに消極的であったり拒否的であったりする場合は，初期支援者自身が学内の専門家等に連絡し，その人を支援する方法の指導を受けることができる。主治医やすでに本人に関わっている専門家がいる場合は，初期支援者がその専門家に連絡を取る了解を得，連絡し状況を伝えると同時にその時の対応の助言を求めよう。本人が具体的な自殺の計画をしていたり道具を入手しているなど，状況がより逼迫し本人を1人で家に帰すことが危険な場合は，学内の専門機関や危機介入ホットラインなどに電話をし，アドバイスを求めてほしい。凶器を持っている場合などは警察へも連絡する。またこの時は専門家の助言に従い，家族への連絡が必要となることも多いだろう。

表4　死にたい気持ちや行動がある人に話を聴くときのヒント

聴くためのヒント
・死にたい人が自分の気持ちについて話しているときには，粘り強く穏やかでいよう
・死にたい人の気持ちに判断を下さず，耳を傾けよう。肯定も否定もせずに受け入れよう
・開かれた質問をし，死にたい考えや感情・その背景にある問題を探ろう
・聴いた話は要約して返し，あなたが傾聴していることを示そう
・その人が理解されていることが伝わるように，重要なポイントを明らかにしよう
・共感を示そう
してはいけないこと
・自殺に関するその人の考えについて，口論したりディベートしたりしてはいけない
・自殺が正しいか間違っているか議論してはいけない
・自殺を止めるために罪悪感や脅しを利用してはいけない（ex.「他の人の人生を台無しにする」など）
・その人の問題を矮小化しない
・「すべてうまくいく」など安易に安心させようとしてはいけない
・自分自身の話をしてその人の話を中断させてはいけない
・態度やボディランゲージで，否定的な態度でいることを伝えてはいけない
・「やってみなさい」などと挑発してはいけない
・精神疾患であると決めつけてはいけない

※メンタルヘルス・ファーストエイド こころの応急処置マニュアルとその活用（2017）
　第3章 メンタルヘルスの危機的状況に対するファーストエイドより（一部改変）

VI　まとめ（スライド24）

　大学生におけるメンタルヘルスの問題は，普遍的なテーマでありながらそれぞれが個別的で，繊細な問題である。教育的な支援と専門的な支援が相互に絡み合うことも多く，関係者がチームでサポートする体制を作っておくことが重要である。また，デリケートな個人情報の取り扱いが生じる場合が多いため，チームで情報を共有する際は常に共有の範囲を確認しながら，慎重に行うことを心がけたい。メンタルヘルスに不

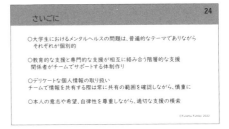

調を来した学生の支援はケースバイケースであるが，本人の意志や希望，自律性
を尊重しながら，適切な支援を模索したい。

文　　献

American Psychiatric Association（2013）*Diagnostic and Statistical Manual of Mental Disorders, 5th ed (DSM-5).* American Psychiatric Publishing.（日本精神神経学会（2014）DSM-5 精神疾患の診断・統計マニュアル（日本語版）．日本精神神経学会）

梶谷康介（2020）　大学生活，大丈夫？―家族が読む，大学生のメンタルヘルス講座．九州大学出版会．

Kitchener, B. A., Jorm, A. F. & Kelly, C. (2017) *Mental Health First Aid Manual. 4th ed.*（大塚耕太郎・加藤隆弘・小原圭司編（2021）メンタルヘルス・ファーストエイド―こころの応急処置マニュアルとその活用．創元社．）

国立大学保健管理施設協議会（2021）大学における休学・退学・留年学生に関する調査　第40 報（平成 29 年度調査結果）．

松坂雄亮・山本直毅・金替伸治他（2020）第Ⅱ部各論　9．統合失調症スペクトラム障害および他の精神病性障害（精神科治療学　第 35 巻増刊号　児童期・青年期の精神疾患治療ハンドブック），pp.207-211.

日本学生支援機構（2007）大学における学生相談体制の充実方策について―「総合的な学生支援」と「専門的な学生相談」の「連携・協働」．（通称：苫米地レポート）

日本学生相談学会（2020）学生相談ハンドブック［新訂版］．学苑社．

吉川徹（2020）第Ⅰ部総論．児童・青年期の精神疾患の診断とアセスメント　4）思春期青年期（精神科治療学　第 35 巻増刊号　児童期・青年期の精神疾患治療ハンドブック），pp.24-29.

第4章
発達障害の傾向がある学生，コミュニケーションが難しい学生への対応

斉藤美香

I　はじめに（スライド2）

　近年，大学教育では，主体的な学びを促すためにグループワークやプレゼンテーションを多用する能動的学修型（アクティブ・ラーニング）の授業の比重が高くなっている。しかし，このような授業形態は，発達障害の傾向のある学生やコミュニケーションが難しい学生にとって，修学上の障壁となりやすい。筆者は，日常的に大学関係者から［スライド2］に示した学生への対応について質問を受けることが多い。このような学生の中には，発達障害の診断を受けている学生や発達障害の傾向があると思われる学生が少なからず含まれている。

　2016年に「障害を理由とする差別の解消の推進に関する法律」（内閣府，以下，障害者差別解消法）が施行されたことに伴い，国立大学では義務化（2021年5月公布の改正法により，3年以内に私立大学でも義務化）となり，大学での合理的配慮の提供のしくみが整備されてきた。診断を受けている学生から意思表明があれば，合理的配慮の提供が可能となった。一方，未診断や診断閾値以下（グレーゾーン）にて診断は受けていないが，発達障害の傾向があると思われる学生に対しても教育的配慮をはじめとした支援が行われる場合もある。診断のある学生とない学生への対応は，どちらにしても特性をベースにして考えるため，診断の有無による違いはない。本章では，学生相談室で対応することが多い，発達障害の診断のある学生，未診断だが傾向があると思われる学生，これらの学生の中に多く見られるコミュニケーションが難しい学生も含めて，「発達障害の傾向がある学生」としてとらえ，対応について解説する。

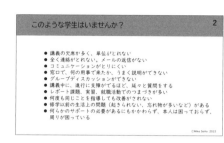

Ⅱ　発達障害とは

1．発達障害の定義ととらえ方（スライド3～5）

　「発達障害」という言葉は広く使われているが，「神経発達症」が正式な診断名である。現在，大学において「発達障害」という言葉を使う際は，DSM-5（精神疾患の診断・統計マニュアル第5版；Diagnostic and Statistical Manual of Mental Disorders, Fifth Edition, 2013）に基き，①自閉スペクトラム症（ASD; Autism Spectrum Disorder），②注意欠如・多動症（ADHD; Attention-Deficit Hyperactivity Disorder），③限局性学習症（SLD; Specific Learning Disorder）を指すのが一般的である。

　これらは，生まれつきの特性で「病気」ではないので，「治る」という目標設定はないが，改善はありえる。脳の非定型的発達による認知機能の障害であり，特性を本人，家族や周囲の人が理解し，本人に合った方法を見つけたり，環境調整をする方向で対応を考える。最近では，「脳や神経，それに由来する個人レベルでの様々な特性の違いを多様性と捉えて相互に尊重し，それらの違いを社会の中で活かしていこう」（村中，2020）というような「ニューロダイバーシティ」（Neurodiversity；神経多様性）という視点で，発達障害の特性を能力の欠如や優劣とは異なる視点，意味で捉えなおす考え方もある。

　診断名にある「スペクトラム」（連続体）という概念が診断，特性の理解や対応

の難しさにもつながっている。発達障害を理解する際には，本人の特性と環境との相互性が鍵となる。高校までは問題がなかったのに，大学入学後に適応できず表面化するケースは多い。これについては後述するが，高校と大学の学校のしくみ（構造）が変わることによって，もともと持っていた特性が，大学という環境では適応するのが難しくなったと考えられる。特性の強さや生活への支障がでる時点がさまざまであり，診断も医師によって異なる場合がある。したがって，発達障害の学生の対応には，マニュアル的なものはなく，診断名にとらわれず，一人ひとりの特性と困りごとを丁寧に理解することが求められる。その際には，できないことばかりを焦点化するのではなく，本人の強みや持ち味も含めて，トータルに人として理解する視点は欠かせない。

2．発達障害の主な特性（スライド6，7）

　自閉スペクトラム症，注意欠如・多動症，限局性学習症について，それぞれの特性を説明する。

　自閉スペクトラム症に見られる特性としては，場の状況や暗黙のルールがわからず，非言語的なコミュニケーションが苦手で，相手の気持ちを察したり，自分のことを伝えたりするのが難しいなど，社会的なコミュニケーションに困難をかかえることが多い。また，決まった手順に頑なにこだわる，変化に弱い，興味が限定的，情報の取捨選択や優先順位をつけづらいなどの特性がある。特定の刺激に対しては過敏であったり，逆に鈍感であったりする。手先を使った作業や球技が苦手などの不器用さが見られる場合もある。

　注意欠如・多動症では，注意を持続させたり，全体に注意を配ったり，重要なことに注意を切り替えたりできないといった不注意，じっとしていられないといった多動性，考えなしで，待てずにすぐに行動してしまう衝動性といった3つの特性があり，不注意が優位な場合，全ての特性が際立つ場合など，人によってさまざまである。窓口職員に顔を覚えられるほど学生証やスマホを何度も忘れる，課題の提出期限を忘れる，実験や実習などでの指示を聞き逃したり，ミスが多い

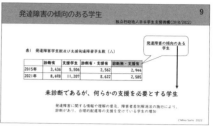

などにより学生生活に支障がみられ，だらしない学生と映ることがある。

　限局性学習症は，知的な遅れはないにもかかわらず，ある特定の能力が低く学習効果が上がらない特性がある。この特性のため，教員の説明を聞きながらノートをとれない，読むのが遅いため課題ができない，誤字が多い，特定の科目の成績が極端に悪い，計算ミスが多いなど成績への影響があり，学力が低い上に努力も足りない学生と思われることがある。

　生まれた時から以上のような特性があるため，生きづらさ，失敗体験による否定的な思考になりがちであったり，自己肯定感の低さ，虐待やいじめによる外傷体験などにより，後天的に二次障害を持ち併せることが多い。二次障害としては，うつ病，不安障害，双極性障害などの精神障害，不登校，引きこもり，暴力などの問題行動，薬物やアルコールなどの物質嗜癖などを併存することがあるが，対人関係での傷つきがあるため，援助要請行動をとりにくい者もいる。二次障害が表面化して対応をした際に，ベースに発達障害があるとわかる場合もある。

Ⅲ　発達障害の傾向がある学生の状況

1．発達障害の傾向がある学生の支援状況（スライド8，9）

　高等教育機関における発達障害の学生数を障害者差別解消法が施行される前の2015年度と施行後数年経った2021年度で比較（スライド9の表1）すると，2015年度は3,436人であったのに対して，2021年度は8,698人と約2.5倍に増加している（日本学生支援機構，2018，2022）。また，2021年度，発達障害の診断があり，支援を受けている学生は8,622人に対して，診断は無いが支援を受けている学生は2,585人である。しかし，この数字に上がってこない修学上の支障はあるにもかかわらず，支援を受けていない発達障害の傾向のある学生は潜在的にいるというのが現場の感覚である。

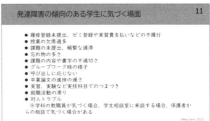

2．障壁となりやすい大学の環境（スライド10，11）

　最近では，高大連携も進みつつあり，受験前，入学前から発達障害の学生の相談があり，入学後のスムーズな修学に向けた対応がとれるケースも増えてきた。しかし，入学後のどこかの時点で何らかの不適応が表面化して，相談につながる場合がほとんどである。その中には，高校までは特に問題なく修学していた者もいる。大学は高校までとは違い，構造化されていない自主性に委ねられた環境であるため，発達障害の傾向のある学生の修学の障壁となりやすい。高校までは，毎日同じ教室に行けば授業が受けられた。授業の学習のわからないところは，教科書や参考書を読めばある程度の理解は可能であった。毎日クラスメートと顔を合わせるので，クラスの輪には所属していた。ホームルームや学級通信などで，必要な情報は本人や保護者にも伝わった。欠席が多いなど気になる兆候があれば，担任が気づけた。

　しかし，大学には複雑な履修システムがあり，時間割は学生が自分で決め，曜日ごとに異なるスケジュールで動く。講義ごとに教室も違えば，授業方法・教材・成績評価も異なる。欠席が多かったり，いつもより元気がなくてもすぐに気づき対応する高校までの担任のような定点的見守りがない。ホームルームはないので，友達は自分から作る必要があるし，サークルもアルバイトも自己決定し，行動に移すことが必要である。大学から日々送られるたくさんのお知らせの中から，自分に必要な情報を選んで入手しなければならない。また，大学からのフォーマルな情報以外に，サークルや先輩からの単位がとりにくい科目や教員の口コミ評価などインフォーマルな情報も案外大事である。

　これらの環境は，発達障害の特性をもつ学生にとっては苦手なことばかりであり，履修登録未提出，ゼミ登録や実習費払い込みの不履行，欠席過多，課題の未提出や頻繁な遅れにつながる。また，質問からズレた課題回答，書字に誤字が多い，グループワークへ入れない，実習・実験など実技科目でつまづく，卒業研究や就職活動が滞る，対人トラブルなど，さまざまな修学や学生生活上の支障が生

じ，教職員や保護者からの相談で表面化することがある。

3．さまざまな場面でみられる困難（スライド 12 ～ 14）

　修学上で見られる困難の例としては，まず入学して最初につまずく可能性の高い場面として，履修登録がある。複雑な情報を統合して計画を立てるのが難しいため，履修登録が難航する場合がある。また，授業開始後，日常的には先を見通してスケジュールを立てるのが難しいので，課題が未提出となることもある。コミュニケーションが苦手であるため，グループワークのある授業で発言できず欠席がちになる。テストの成績は良いが，自分の感想や意見を求められる課題については，何を書けばよいかわからず，未提出になることもある。こだわりから，講義中に延々と質問をし，進行の妨げになる場合もある。協調運動障害がある場合は体育科目で苦労する。認知機能の特性により，板書の転記や教員の話を聞きながらノートを取ることや多読課題がこなせないことも見受けられる。実技，実験，実習科目では，手順を覚えられなかったり，何度も同じことを指導しても改善されなかったりする。このような修学上の困難により，授業の欠席が多くなり，単位がとれずに留年に結びつきやすくなる。

　修学上の困難だけではなく，ライフスキルが十分ではないため，自己管理上でもさまざまな困難が見られる。優先順位がつけられず，マルチタスクが苦手であるため，スケジュール管理ができない。急な教室変更などに対応できず欠席してしまうなど突発的な状況へ臨機応変な対応が難しい。感覚過敏，ASD や ADHD に併発しやすい睡眠障害があったり，周りに合わせたりするため緊張してストレスがかかり，疲れやすくなる。一方で，予定が詰まっていないと上手に時間を過ごせない特性のため，休憩時間や休日の使い方がわからず，リラックスしたり気分転換したりすることも

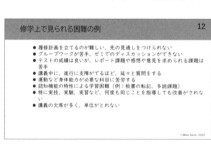

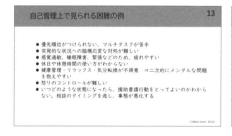

できず，二次的に精神的な不調になることがある。感情のコントロールが難しく，対人関係でトラブルを起こすこともある。援助要請行動をとりにくい特性があるため，行き詰っても相談できない，あるいは困っていてもどのような状態になったら相談してよいのかわからないまま相談のタイミングを逃し，事態が悪化してしまうこともある。

　進路や就職活動で見られる困難としては，職業や働くことへの具体的イメージがつかみにくい。就職活動など新しいことに不安になり，回避しやすい。アルバイトやサークル活動など社会経験が少ないため，就職活動はハードルが高く感じられてなかなか始められない。実際の就職活動を始めようとしても修学との両立が難しい。これまでの対人関係が少ないため，他者からのフィードバックによる自己理解の機会が少ない。また，自己理解の乏しさから，コミュニケーションが苦手なのに営業職を目指すといった職業選択のミスマッチを起こすこともありうる。また，自己PRや志望動機をうまくまとめられない，採用面接でうまくコミュニケーションがとれないなどスキル的な困難も見受けられる。

IV　発達障害の傾向がある学生への対応

▌1．3つの対応（スライド15，16）

①ユニバーサルデザインとしての事前的改善措置（スライド17）

　実際の対応としては，ユニバーサルデザイン（UD）としての事前的改善措置，合理的配慮，教育的配慮の3つがある。まず，事前的改善措置とは，障害者差別解消法第5条にて「行政機関等及び事業者は，社会的障壁の除去の実施についての必要かつ合理的な配慮を的確に行うため，自ら設置する施設の構造の改善及び設備の整備，関係職員に対する研修その他の必要な環境の整備に努めなければならない」と定められている。大学においての環境の整備は，全学生にとって学びやすい修学環境を整えることであり，ユニバーサルデザインとしての機能をもつ。例えば，板書説明のみの授業における合理的配慮として提供されるPDF化した授業資料は，障害のある学生だけではなく，他の学生にとっても学びやすくなる。つまり，事前的改善措置が整備されていると，発達障害の傾向のある学生のみならず，全学生にとっても修学しやすくなる。

　UDの例をあげると，情報のインプットとして，重要事項の文字情報での周知，口頭説明のみではない資料配布，教材等の電子データ，テキストデータでの事前提供，授業の録音ならびに板書の撮影許可，音声認識アプリ使用許可がある。情報のアウトプットとしては，多様な課題提出方法（オンラインなど）と発言・発

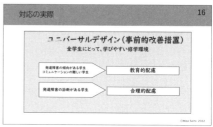

表方法（口頭・チャット・メモ提示・発表動画の再生など），アカデミック・ライティングスキルの学習機会がある。プランニング（見通し）としては，全体スケジュールの可視化，授業の進行予定の明示，スケジュール変更の早めの周知，実験・実技の手順説明マニュアル化，レポート作成プロセスの学習機会の提供などが挙げられる。

②教育的配慮（スライド18）

　診断はないが，発達障害の傾向があると思われる学生への対応としては，障害者差別解消法施行以前から個別にされてきた教育的配慮がある。教育的配慮は，障害の有無にかかわらず，全ての学生が対象となる。そのため，未診断で発達障害の傾向があると思われる学生も対象となる。学科，教員，学生相談室等担当者レベルでの判断と合意のもとに必要で可能な支援を行うことが多く，担当者の判断によるので，公平性が問題になることもある。

③合理的配慮（スライド18）

　大学における合理的配慮とは，障害のある学生が他の学生と平等に教育を受ける権利を行使することを目的として，1）個々の場面において障害者の個別のニーズに応じて，2）教育の本質を変えることなく，3）過重な負担を伴わない範囲で，4）社会的障壁を除去するための必要かつ適当な変更・調整である。合理的配慮の対象は障害のある学生であり，本人の意思の表明が必要である。公平性の確保と学生のニーズと機能障害の状況，配慮の内容の関連性が合理的かどうか確認するための客観的な所見が原則必要である。根拠資料としては，障害者手帳の種別・等級・区分認定，適切な医学的診断基準に基づいた診断書，標準化された心理検査等の結果，学内外の専門家の所見，高等学校など大学等入学前の支援

 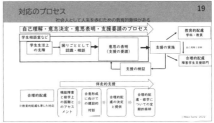

状況に関する資料が挙げられる（文部科学省，2017）。障害学生支援部門が担当
し，合理的配慮の提供を行う。

2．対応のプロセス（スライド19）

　対応のプロセスは，診断の有無，本人からの意思の表明の有無などによって異
なるが，おおよそ共通している。このプロセスには，学生自身の自己理解，意思
の表明，意志決定，経験からの振り返りが含まれている。これらは，社会に出て
人生を歩んでいく際に必要な力であるので，教育的な意味がある。

①合理的配慮（発達障害の診断があり，本人から意思の表明があった場合）の提供のプロセス

　発達障害の診断があり，自らも修学上，困っている場合には，障害学生支援部
署につながるのが一般的である。担当者は学生が困っていることやニーズを明確
にするとともに学生の特性を理解し，修学上の問題に関するアセスメントを行う。
それを受けて，具体的な合理的配慮について学生と話し合う。場合によっては，
学生のニーズと合わないこともある。その際，建設的対話が重要になる。例えば，
グループディスカッションが苦手なので免除してほしいという要望が学生から表
明された場合を想定する。要望の理由は，複数の人の話を聞きながら，自分の考
えをまとめることができないというものである。一方，この講義では，多数での
コミュニケーションスキルの向上を目的とし，グループディスカッションで他の
人の多様な意見を聞いた上で，自分の考えと照合させて意見をまとめ直し発表し
あうこと自体を教育の本質としている。

　そうであるならば，グループディスカッションを免除することは教育の本質を
損なうことになるので，学生の要望は通らない。しかし，学生の授業へのアクセ
スを保障する代替案として，グループディスカッションの際には，挙手して一人
ひとり発言する，発言をホワイトボードに書いて聴覚情報に視覚情報をプラスす
る，ディスカッション後に意見をまとめる時間を作り，発言か文字情報として入

力したものをメンバーに提示することが考えられる。この場合，グループディスカッション時のルール（一人ずつ，挙手，発言の文字化，考える時間の設定）が合理的配慮に当たる。これを学生に提案し，それならグループディスカッションに参加できると本人が納得することで，当初の要望どおりではないが，合理的配慮が提供されることで，学生のグループディスカッションの参加が保障される。このプロセスが建設的対話である。

　合理的配慮はいったん提供されても，授業方法が変わったり，学生自身もスキルアップしたり，自分なりの工夫をすることで，必要がなくなったり，あるいは新たなものが必要になる場合もあるため，定期的に検討する機会を設ける。この機会が，学生の自己理解，意志決定や意思表明の力を育てることにつながる。卒業まで伴走的支援を行うが，その度合いも学生の成長に伴って変化する。

②教育的配慮（診断がない発達障害の傾向のある学生で本人からの意思の表明がある場合）の提供のプロセス

　修学上の困りごとを認識して，教職員や学生相談室などに相談があった診断のない発達障害の傾向のある学生については，本人からの意思の表明があったとみなし，学生の要望について，教員個人や担当者の裁量または関係者で対応を判断した上で配慮を行う。この場合，診断がないので，本人や関係者の主観的，個別的な判断で行われることになる。なお，教育的配慮を行っていた学生でもその後，自己理解が深まり，特性に気づいて医療機関につながり，診断を受け，合理的配慮の提供を検討する場合もある。

③本人からの意思の表明がない場合のプロセス

　発達障害の診断の有無にかかわらず，修学上支障があっても学生自身が困りごととして認識が乏しい場合，保護者や教職員が気づき，学生相談室につながることが往々にしてある。相談された際は，学生の意思を尊重し，どのようなタイミングや内容で学生とコンタクトをとるかを十分検討する。1回だけのアプローチでは，学生が困りごととして自覚し，支援を希望しない場合もある。その際は，信頼関係を築きながら，機会を見つけてアプローチする。

　例えば，多くの課題が未提出の学生で，授業中のグループディスカッションにも入れないことに教員が気になっているとする。教員から困っていることがないか尋ねても，「今度，頑張るから大丈夫」と言い，それ以上関わりづらい学生の場合，成績が出たタイミングで，今後，単位を落とさないためにはどうしたらよいか話し合いの機会をもつと，単位を落としたという事実があるため，学生は以前

より困りごととして自覚できることがある。このように，学生が体験した事実に基づき，対話を進めることで，自己理解が深まり，自らの困難や特性に気づき，支援への意思が表明されることもある。その際，診断がすでにあれば，合理的配慮の提供に該当する。診断がなければ，教育的配慮を行う選択肢となる。

　困りごととしての気づきがあったとしても，特性を開示するか，配慮を受けるのかどうかといった葛藤を抱える学生もいる。特性をもっていることや診断を受けることへのためらいは，当然の気持ちである。また配慮を受けるにしても，自分にとって必要な配慮が何かなど意志決定が難しいこともある。このような学生の心の揺れは成長のステップとして大切であり，丁寧な関わりが求められる。この一連の自己理解の支援を教員だけで行うのは，現実的に難しいかもしれない。その場合には学生相談室を積極的に活用してほしい。障害の診断をもっていない学生にとっては，学生相談室は障害学生支援部門のように障害を名称に使っていないため，継続的な関わりが必要な際に使い勝手が良い。学生相談カウンセラーは，臨床心理学的見地から学生の自己理解支援を行える専門性を備えており，必要に応じて障害学生支援部門や関係者と連携をとりながら学生の対応を行っている。

▌3．対応の実際

①基本的な対応のポイント（スライド 20）

　基本的な対応としては，まず，信頼関係をつくることが第一である。そのためには，学生を尊重し，本人の意思を大事にして，理解に努める姿勢が大切である。保護者や教職員が支援を受けた方が良いと思っていても，本人にその意思がないことはよくおこる。その際も，無理やり支援を受けるように勧めるのではなく，本人がどのような思いで支援は必要ないと思っているのか，思いに寄り添い，本人が信頼して相談できるように関わる。また，青年期の心理的特性をふまえた関わりが必要である。在学中の困りごとがなくなるように，ただ支援をするのではなく，大学卒業後，社会人として人生を歩む際に必要な自己理解・意思決定・適切な援助要請行動がとれることを視野に入れた長期的な視点をもった関わりを大事にする。学生の自立と成長の視点が必要であり，性急な直線的な効果を期待しすぎず，試行錯誤や次に生かせる小さな失敗の機会は自己理解のためには大事な機会ととらえる。さらに，彼らは周りの人ができて自分にはできない経験から，低い自己評価を持ち合わせていることが多い。自己肯定感を育む対応として，本人の強みを理解することから関わりを始める。

②関わる際の具体的なポイント（スライド21）

　実際に関わる際の具体的な留意点は，聴覚情報の取り入れが苦手な場合が多いので，メモなど視覚的情報を使って，普段よりゆっくりめで明確に簡潔に話す。そして，曖昧な言い方を避け具体的に伝える。例えば，「何かあったら相談にきてね」というような言い方であると，相談に行くべき「何か」がわからなくなり相談に来ないこともある。また進捗がないと報告にいけないという思い込みから，報告にこないこともあるため，次回に会う予定を具体的に決めておくのも一手である。連絡がとれなくなる場合もあるので，連絡が取れなくなったら保護者に連絡をするなどと，連絡が取れない際の対応について事前に協議しておくとよいだろう。

③困難場面と対応（スライド22，23）

　修学や修学以外の場面での困難は，個別性が高い。以下，対応例（表2，3）をあげる。

表2　修学における困難場面と対応の例

困難場面	対応の例
履修登録などの手続き	教職員やピア・サポーターなどがサポートする
教材や学習方法等	学生の認知機能の特性をふまえて，ICTの活用も含め，学習の機会を保障する（配布資料，授業の録音許可，テキストデータ化，座席指定など）
ディスカッションを行う授業	事前に話し合うテーマを提示する，挙手してから発言・順番などのルールを決める，発言内容を文字化して進行の見える化を行う，メモなど口頭以外の方法で発言できるようにする
試験，課題，卒業研究	重要事項（期日，提出方法等）は視覚情報で提供する，試験時間延長，別室受験，代替課題，思考整理のためのマインドマップの活用
実技，実験科目	本人にとって理解しやすい手順マニュアルを配布する，危険行為・注意事項を書面で説明する，事前事後の打ち合わせを行う
実習	実習内容，ルール，実習打ち切り条件等の事前説明を行う，事前見学，実習担当機関，担当者との打ち合わせ，予測される問題と対応を協議する，実習期間中のサポートを検討する

V　おわりに（スライド24）

　大学は学生が社会にでる前の最後の教育機関であり，学生が卒業後の長い人生を自分らしく生きていく力を育む使命がある。発達障害の傾向のある学生は，これまでの対人関係で傷つきを体験してきた人もいる。在学中の相談や支援体験が他者と関係をもつ良い体験となれば，卒業後も，他者に必要に応じて援助要請できることにつながる。また，実感を伴った自己理解が深まることで意志決定，意思表明が可能になり，自分らしく生きる道が開かれる。在学中に，卒業後を見据えた成長の機会や環境を提供することは大学教育の要である。

　　文　　　献
American Psychiatric Association (2013) *Diagnostic and Statistical Manual of Mental Disorders 5th ed.* American psychiatric Association.（髙橋三郎・大野裕監訳（2014）DSM-5精神疾患の診断・統計マニュアル．医学書院．）
文部科学省（2017）障害のある学生の修学支援に関する検討会報告（第二次まとめ）．https://www.mext.go.jp/b_menu/shingi/chousa/koutou/074/gaiyou/1384405（2022年10月30日閲覧）
村中直人（2020）ニューロダイバーシティの教科書．金子書房．
内閣府（2013）障害を理由とする差別の解消の推進に関する法律．https://www8.cao.go.jp/

表3　修学以外の困難場面と対応の例

困難場面	対応の例
日常生活のマネジメント	ライフスキル（スケジュール管理，マナ　，体調管理，ストレスマネジメント）の獲得に向け，カウンセリング，スキルトレーニングの機会をつくる
対人関係	対人関係でのトラブルは自己理解の機会とし，建設的な視点でとらえられるような対応をする 対人関係に慣れ，対人スキルの練習の場として，安全・安心に過ごせるグループを提供する
心身の健康の維持	居場所となる場や機会（休憩場所や学生相談室主催の各種企画）を提供する 余暇の使い方，リラックスの方法などを一緒に考える 無理のない履修計画を学生の意向も尊重しながら，検討する
進路・就職活動	進路についての迷いや悩みに寄り添いつつ，現実的な対処について支援する 自己PRがわからない学生には，強みと弱み（苦手）の自己理解が進むように支援する 特性と職業のミスマッチを防ぐため，キャリア支援部門と連携し，こまめに相談にのり，必要に応じて学外の支援機関と連携し，繋げる 進学については，進学後に予測されることが想定した上で，決定できるよう，適切で具体的な情報を得られるよう助言する

shougai/suishin/law_h25-65.html（2022年11月5日閲覧）

日本学生支援機構（2018）平成27年度（2015年度）大学，短期大学及び高等専門学校における障害のある学生の修学支援に関する実態調査結果報告書（訂正版）．https://www.jasso.go.jp/statistics/gakusei_shogai_syugaku/__icsFiles/afieldfile/2021/02/10/h27report_r02ver.（2022年10月30日閲覧）

日本学生支援機構（2022）令和3年度（2021年度）障害のある学生の修学支援に関する実態調査結果報告書．https://www.jasso.go.jp/statistics/gakusei_shogai_syugaku/2021.html（2022年10月30日閲覧）

日本学生相談学会（2015）発達障害学生の理解と対応について―学生相談からの提言．https://www.gakuseisodan.com/wp-content/uploads/public/Proposal-20150425.pdf（2022年11月5日閲覧）

第 5 章
障害のある学生の支援

堀田　亮・奥田綾子

Ⅰ　はじめに（スライド 2）

　高等教育機関に在籍する障害のある学生数は年々増加傾向にあり，さまざまなニーズに対してきめ細やかな対応が求められている。障害学生支援では，学生相談のカウンセラー，障害学生支援のコーディネーター，保健管理センターの医師，就職支援の相談員等が学部関係者と多層的な協働関係を構築しながら，障害のある学生が安心して学べる環境を整え，本人の意思決定を支援し，社会で活躍できる人材となるよう送り出すことを目指す。

　本章では，障害学生支援がどのような法的根拠のもと提供されているのか概観し，障害の定義や分類をまとめ，障害学生支援に関する基本的な考え方および意思の表明から合理的配慮の提供に至るプロセスを解説する。

　なお，法令での表記に倣い，本章では「障害」と漢字で表記している。また，本書は学生相談に従事しているカウンセラーが行う研修を想定しているため，精神・発達障害学生に関する例示や解説を中心としている。他の障害種の支援例に関しては他書を参考にしていただきたい。

Ⅱ　なぜ障害学生支援が求められているのか（スライド 3）

　高等教育機関において，なぜ障害のある学生を支援する必要があるのか。そこには法的根拠があり，私たちが取り組むべき事項は明示されている。まずはその内容を理解することが障害学生支援の第一歩である。

1．障害者権利条約（スライド 4）

　国際的な動きでは，障害者の権利に関する条約（以下，障害者権利条約）が 2006 年の第 61 回国連総会において採択され，2008 年に発効した。日本は 2007 年にこの条約に署名し，2014 年に批准書を寄託したことで同年より効力が発生

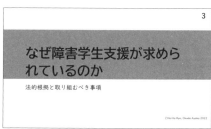

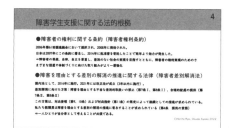

した。障害者権利条約の締結によって，障害者の尊厳，自律，自立を尊重し，差別のない社会の実現を目指すとともに，障害者の権利実現のためのさまざまな措置や体制づくりに向けた取り組みがより一層強化されることとなった。

2．障害者差別解消法（スライド4）

国内法としては，2016年に「障害を理由とする差別の解消の推進に関する法律（以下，障害者差別解消法）」が施行された。また，2021年には改正法が成立している（3年以内に施行）。障害者差別解消法では，「障害を理由とする不当な差別的取扱いの禁止（第7条1項，第8条1項）」と，「合理的配慮の提供（第7条2項，第8条2項）」を差別解消に向けた方策としている。この方策は，対応要領（第9，10条）および対応指針（第11条）の策定によって組織としての推進が求められている。同時に，私たち教職員は障害を理由とする差別の解消の推進に寄与することが求められており（第4条 国民の責務），一人ひとりが自分事として考えることが必須である。

①障害を理由とする不当な差別的取扱いの禁止（スライド5）

不当な差別的取扱いとは，正当な理由なく，障害を理由として，障害者の権利や利益，機会等を侵害することである。「正当な理由」があるかどうかは，正当な目的の下に行われているか，目的と照らし合わせてやむを得ないと言えるかを，個々の事例に応じて総合的，客観的な視点で評価，判断する必要がある。

②合理的配慮の提供

　合理的配慮とは，障害者から何らかの配慮を求められた場合に，その実施に伴う負担が過重ではない時に，必要かつ合理的に行われる調整や措置等を指す。合理的配慮のプロセスや留意点は後半で詳述する。当初，合理的配慮の提供は，国公立大学では義務，私立大学においては努力義務であったが，2021年の改正法の成立（3年以内に施行）により，私立大学でも義務化される。

Ⅲ　「障害がある」とは何か（スライド6）

　「障害」は「害」が持つイメージや印象から，「障碍」「障がい」「しょうがい」といったさまざまな表記がなされている。また，以前は障害は「持つ」ものであったが，平成6年以降に発行されている「障がい者白書」では障害が「ある」に変更されている。こうした表現の違いは，「障害」をどのように定義し，捉えているかに依拠していると言える。

▎1.「障害者」の定義（スライド7）

　障害者差別解消法第2条第1号で，「障害者」は「身体障害，知的障害，精神障害（発達障害含む），その他の心身の機能の障害がある者であって，障害及び社会的障壁により継続的に日常生活又は社会生活に相当な制限を受ける状態にあるもの」と定義されている。この条文からわかるように，支援の対象となるのは障害者手帳の保持者に限られない。

▎2.　社会モデル（social model）（スライド8）

　従前，障害は疾病や外傷またはその他の健康状態によって直接生じた個人的な問題とされ，医療による治療が必要な現象として捉えられていた。これを「医学モデル（medical model）」と言う。
　一方，近年では，多様な機能制限，障害のある人がいる世の中において，そう

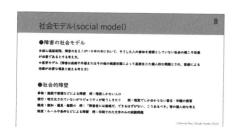

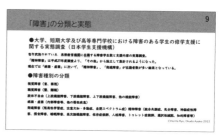

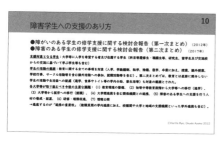

した人の参加を前提としていない社会の側こそ改善が必要であると捉える，「社会モデル（social model）」の考え方が浸透してきている。ここで改善を目指すのが「社会的障壁」の除去であり，具体的には，社会における事物，慣行，観念，制度などが該当する。

　こうした社会モデルによる障害の捉え方が，「持つ（自身の心身に抱え込んでいる）」から「ある（社会的障壁によって存在している）」への変更ともつながっている。

3．「障害」の分類と実態（スライド9）

　日本学生支援機構では，高等教育機関に在籍する障害学生数と支援内容の実態を把握するために，「大学，短期大学及び高等専門学校における障害のある学生の修学支援に関する実態調査」を毎年実施している。その調査では，障害種別を視覚障害，聴覚障害，肢体不自由，病弱・虚弱，発達障害，精神障害と区分している。なお，「精神障害」は平成27年度調査より，「その他」から独立して集計されるようになった。現在では「病弱・虚弱」に次いで，「精神障害」，「発達障害」が在籍者数が多い結果となっている。

4．障害学生への支援のあり方（スライド10）

　高等教育機関において，障害のある学生に対してどのような支援を提供し，効果的な支援の実現にあたってはどのような課題があるかを理解するには，2012年に提出された「障がいのある学生の修学支援に関する検討会報告（第一次まとめ）」と，第一次まとめでの議論を発展させ，2017年に提出された「障害のある学生の修学支援に関する検討会報告（第二次まとめ）」が指針となる。

　このまとめでは，支援の対象となる「学生」とは「大学等に入学を希望する者

及び在籍する学生」であり，科目等履修生・聴講生等，研究生，留学生および交流校からの交流に基づいて学ぶ学生等も含むとしている。また，「学生の活動の範囲」は，「授業，課外授業，学校行事への参加等，教育に関する全ての事項を対象」としている。これは入学，学級編制，転学，除籍，復学，卒業に加え，授業，課外授業，学校行事，サークル活動等を含む課外活動への参加，就職活動等を含んでいる。また，第一次まとめでは対象外だった「教育とは直接に関与しない学生の活動や生活面への配慮」も第二次まとめでは対象の範囲とされた。具体的には，通学，食事やトイレ等の学内介助，寮生活等がこれに含まれる。

　各大学等が取り組むべき今後の主要な課題として，第二次まとめでは，（1）教育環境の整備，（2）初等中等教育段階から大学等への移行（進学），（3）大学等から就労への移行（就職），（4）大学間連携を含む関係機関との連携，（5）障害のある学生への支援を行う人材の養成・配置，（6）研修・理解促進，（7）情報公開の 7 点が挙げられている。どれも重要な課題であり，多くに通底するのが「連携の重要性」である。これは，教職員間の学内連携に加え，校種間や大学と地域の支援機関といった学外連携も含まれる。

Ⅳ　合理的配慮の提供（スライド 11）

　改めて，合理的配慮の定義をまとめると，「障害者が他の者と平等にすべての人権及び基本的自由を享有し，又は行使することを確保するための必要かつ適当な変更及び調整であって，特定の場合において必要とされるものであり，かつ，均衡を失した又は過度の負担を課さないものをいう」（障害者権利条約 第 2 条），「障害者から現に社会的障壁の除去を必要としている旨の意思の表明があった場合において，その実施に伴う負担が過重でないときは，当該障害者の障害の状態等に応じて，社会的障壁の除去の実施について必要かつ合理的な配慮を行う」（障害者差別解消法 第 7 条 2 項，第 8 条 2 項）とされている。

　条文として読むと難解なものと思われがちであるが，基本姿勢と手順をおさえることができれば，多様なニーズにも対応できるはずである。

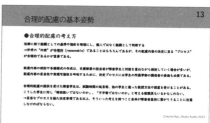

1．合理的配慮の基本姿勢（スライド 12，13）

　障害者差別解消法が施行される以前に障害のある学生に対して何も配慮が行われていなかったかと言うと決してそうではない。例えば，疾病や障害を理由に学生がレポートの提出期限の延長を求め，授業担当教員がそれを許可するといったことを経験したことのある教員もいるであろう。これは学生と担当教員の個人間で交渉，検討されて実施された配慮であり，「教育的配慮」と言える。教育的配慮の利点は，当事者間のみで話が進むため迅速に意思決定される点にある。しかしながら，配慮の可否およびその内容が担当教員の判断に委ねられるため，障害に対して無理解な教員であれば差別的な取扱いにも繋がりかねない。一方で，内容によっては障害学生側からの過度な（本来提供する必要のない）配慮まで容認してしまうことも事態として起きうる。また，「A先生は許可したけど，B先生は許可してくれなかった」と組織の中で不均衡が生じる可能性もある。

　こうした「該当する個人間のみ」で判断することによる不都合や不利益を解消するため，法律に則り組織としての基準や指針を明確にし，個人ではなく組織として判断するのが合理的配慮である。すなわち，合理的配慮とは配慮の"内容"が合理的（reasonable）であることはもちろんであるが，その配慮内容の決定に至る"プロセス"が合理的であるかが重要なのである。

　配慮内容の検討や各種様式の作成は，障害学生支援室，学生相談室，保健管理センター等の担当者が障害学生と対話を重ねながら検討していく場合が多いが，配慮内容の妥当性や実現可能性を吟味するために，決定プロセスには障害学生の所属学部の関係者の参画も必須である。

　合理的配慮の提供を受けた障害学生は，試験時間の延長等，他の学生と違った教授方法や措置を受けることがある。こうした学生に対し「特別扱いではないのか」「不平等ではないのか」と考える教職員もいるかもしれない。しかし，妥当なプロセスを経た決定事項である以上，そういった考えを持つこと自体が障害者差別に繋がりうることに注意しなければならない。

2．合理的配慮の提供のプロセス

　合理的配慮は，障害のある学生からの意思の表明があり，学生と支援関係者間の建設的な対話を行った上で，配慮内容が決定されるというプロセスを経る。

①意思の表明（スライド14，15）

　合理的配慮の提供のプロセスは学生からの「意思の表明」が始まりとなる。つまり，障害のある学生が自身の所属学部の教職員や学生支援部署（障害学生支援室，学生相談室，保健管理センター等）の担当者等に対して「私は困っています」と相談があれば，組織として合理的配慮の提供を検討するきっかけとなる。

　もちろん，困っている理由，内容はさまざまなので，医師による医療的介入や，カウンセラーによる心理的支援，または適切な教育者，支援者からの情報提供が有効なこともあり，それぞれの立場で連携しながら支援が進んでいく場合も多い。その中でも「社会的障壁の除去」が必要かつ有効な支援方策と考えられた時に，合理的配慮の提供が検討される。

　意思の表明において大切なのは「セルフアドボカシー（自己権利擁護）」である。これは，自分のニーズや権利を自ら主張していくことであり，自己決定していく過程に必要なものである。高等教育機関に在籍する学生は法律上の成人であり（一部の高等専門学校生を除く），自身の困りごとは自身で把握し，自ら助けを求める姿勢を持つことが望まれる。

　しかしながら，教職員は「意思が表明されない限り支援しなくて良い」わけではない。配慮が必要と推察されるにも拘らず，何らかの理由によって意思の表明がなされない学生に対しては，「意思の表明を支援すること」が求められている。これは支援の先回りや本人の望まない支援を意味するのではなく，あくまで学生本人の希望や意向に沿った形で行うべきである。例えば，注意欠如・多動症（ADHD）の特性でスケジュール管理がうまくできず，毎回のように言われた課題の存在を忘れたり，期限に間に合わない学生や，限局性学習症（SLD）の特性

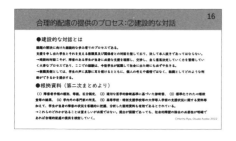

で横書きは読めても縦書きを読むことが難しい学生がいた場合，彼・彼女らは，その理由を自身の努力不足に帰結し，支援を求めないケースも見受けられる。このような学生に対し，「何も言ってこないから何もしなくていいだろう」と考えるのではなく，学生の努力を認めつつ，合理的配慮によって改善，解決される可能性があることを提示し，意思の表明をしやすい環境を作ることが肝要である。例示した学生の場合，口頭だけではなく文書での課題の提示，縦書き資料の横書きへの変換といった環境調整，社会的障壁の除去が有効な手立てであろう。

　加えて，意思の表明をしやすい環境を作るための教育，広報活動も重要である。ガイダンスやオリエンテーション等の時間を使って，学内の障害学生支援体制や支援部署の紹介や，各学部における窓口，支援，配慮例の提示など，学生に広く周知する必要がある。ここで「障害学生」ではなく「学生」と書いたのは，障害はいつ自分事になるかわからないからである。在学中の何らかの病気や事故で，入学後に身体障害者となることもあるし，大学生年代（青年期）は精神障害の好発期でもある。また発達障害は生まれ持ったものであるとされているが，学生になってから認知，診断されるケースもまだまだ多い。したがって，いま現在障害のある学生に対してだけではなく，すべての学生に教育，周知する。これは昨今推進されているダイバーシティ・インクルージョン社会の実現に向けた啓発活動の役目も担う。

②建設的な対話（スライド16）

　意思の表明に続くステップが「建設的な対話」である。これは課題の解決に向けた継続的な歩み寄りのプロセスである。ここでは，支援を申し出た学生とそれを支える教職員および関係者との対話を指しており，決して本人抜きであってはならない。なぜなら，この建設的対話こそが，障害のある学生が自身に必要な支援を理解し，交渉し，自ら意思決定していく力を習得していく大事なプロセスだからである。ここでの経験は，今後学生が就職して社会に出た時にも必ずや生きるであろう。

　同時に，教職員側としては，学生の声に真摯に耳を傾けるとともに，個人の考えや感情ではなく，組織としてどのような判断ができるかを提示していくこととなる。

　建設的対話を進める中で，配慮が必要か，妥当かを判断する材料として「根拠資料」がある。既述した第二次まとめでは，（1）障害者手帳の種別，等級，区分認定，（2）適切な医学的診断基準に基づいた診断書，（3）標準化された心理検査等の結果，（4）学内外の専門家の所見，（5）高等学校・特別支援学校等の大学等入学前の支援状況に関する資料等を挙げている。加えて，学生が自身の障害の状況を客観的に把握，分析した説明資料も有効であるとされている。これらのどれかがあることは望ましいが必須ではない。提出が困難であっても，社会的障壁の除去の必要性が明確であれば合理的配慮の提供を検討していく。

③合理的配慮の提供（スライド 17 〜 20）
　合理的配慮の内容を決定していく上で重要なのは，個別の支援ニーズに対応していくことである。支援の前例は参考にはなるが，困り感の内容や程度の個別性が高い精神・発達障害のある学生の場合は「この障害にはこの対応」のように障害と配慮内容は一対一対応にならないことも多い。

　合理的配慮の申請は各機関で様式を定めている。配慮内容は機関としての決定であるため，関係者間の口約束ではなく，必ず書面として残しておく。そして，各様式の作成者や作成手順を教職員は熟知する必要がある。

　合理的配慮の提供を考える際のポイントを4つ提示する。1点目は「高等教育機関が担う業務に対して，必要な範囲の配慮を行うこと」である。これは以下に続く3点のベースともなる。業務が何を指すかに関しては既述した「学生の活動の範囲」を参照されたい。ここに含まれる事項に関しては，基本的に合理的配慮の検討範囲内となる。一方で，学生が「今度，友だちと遊びに行くので移動介助してほしい」という依頼があったとしても応じる義務は生じない（そのような申し出があるとは考えにくいが）。

　2点目は「同等の機会を提供すること」である。配慮と言うと「試験の点数を少し甘めにつければいいですか」と考える人もいるが，こうしたダブルスタンダードは合理的配慮の本質とは全く異なる。同等の機会の例としては，パニック障害があり他の学生と同じ教室での受験が難しい学生に対して別室受験の配慮を行うことが該当する。これはあくまで社会的障壁を除去した機会を提供するものであり，障害があるので10点加点といったように結果に介入するものではない。以上のように障害学生が障害のない学生と比べた時に同等の機会を受けられるように配慮内容を検討する。

　3点目は「教育の目的，内容，評価の本質的な変更を行わないこと」である。この点を考慮するためには，機関として「本質」とは何かを定義する必要がある。

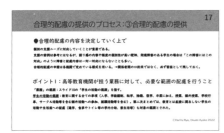

これに該当するのが，アドミッション・ポリシー，カリキュラム・ポリシー，ディプロマ・ポリシー，そしてシラバスである。これらには学生が授業等を通じて習得すべきものが明示されるべきである。その「本質」を変更することはできないが，習得するための手段，評価方法は合理的配慮によって調整できる。例えば，手書きによる提出を求めるレポート課題が出された時に，SLD で書字障害のある学生にとっては非常に困難が生じる。ただし，その課題の本質が「課題図書の内容を要約すること」であれば，「手書き」を「Word ファイルでの提出」等に変更することは合理的配慮として差し支えない。以上のように，教育の本質が何かを明確化し，学生にも周知することでそれに沿った配慮内容が検討できるようになる。また，いまだに「障害のある学生が入学すると大変だから入試の段階で見極めて落とすことはできないか」と考える人がいる。そのためにはアドミッション・ポリシーに障害者の入学拒否を記載する必要があるが，そもそもそれは不当な差別的取扱いに該当するので，上記の考えが成立することはあり得ない。

　4 点目は各機関（提供する側）の「過重な負担になっていないこと」である。これには明確な基準が存在するわけではなく，各大学等によっても実情は異なることから，人的，物理的，技術的，財政的等の観点から総合的に個別に判断していくこととなる。例えば，スケジュール管理が苦手な ADHD のある学生から，「毎朝授業に遅れないように連絡をしてほしい，課題の出し忘れがないか締切日と内容を一覧にしてまとめてほしい」という要望があったとする。これにすべて応えられる支援体制が整っていれば同意しても良いのかもしれないが，支援者側に過

重な負担になるような配慮は，時に障害学生自身の潜在的な力を奪ってしまうことにも繋がりかねない。むしろ，ここではどのようにすればスケジュール管理を適切に行えるようになるか，その対処法を検討することが有益な支援となるであろう。その中で，個人の工夫，努力だけでは対処しきれないことに対しては合理的配慮の提供を検討することとなる。

　以上に合理的配慮を提供する際のポイントをまとめた。一方で，合理的配慮だけが障害学生の支援方法ではない。例えば，社交不安障害（人前で話すことに強い不安，緊張を抱える）の学生が，卒業論文の発表会に臨むとする。ここで，大人数ではなく評価に関わる数人の教員の前での発表に環境を調整することは合理的配慮と言える。ただし，それ以外にも不安，緊張を低減させる頓服薬の処方（医療），感情のメカニズムに関する心理教育や対処法の検討（心理），指導教員による発表の反復練習や想定問答集の作成など，学生を支援し，エンパワメントする方法はある。困っている学生に対して，安易に合理的配慮の提供を第一選択肢とせず，それぞれの立場でできることは大いにあることを忘れてはならない。

④モニタリングと合理的配慮内容の見直し（スライド21）

　合理的配慮の申請が完了した後は，適切に配慮が提供されているか，その配慮が妥当であるかをモニタリングする必要がある。例えば，オムニバス形式の授業のように担当教員が複数いれば，配慮の提供が統一されているか授業を統括する教員は確認する必要がある。また，通常授業では座席指定の配慮が実施されていたものの，試験では学籍番号順の着席となり，配慮が提供されなかったという例もあり，合理的配慮提供の開始から授業期間の終了まで継続したモニタリングが求められる。

　また，合理的配慮の提供に合わせた支援も求められる。例えば，聴覚情報の記憶，処理が苦手なASDやADHDの学生に対して，資料（視覚情報）の配布を合理的配慮としたとする。ここで「資料を配ったからこれで大丈夫」と考えるのではなく，その配布資料を確認しているか，書かれている内容を理解しているかを学生と一緒になって確認する作業が必要な場合がある。このように，学生が合理的配慮を享受できているかを伴走しながら確認，支援することも支援者，教育者の重要な役目である。

　各学期が終われば，配慮内容が適切であったかを学生と関係者で確認し，

次の学期に向けた合理的配慮の見直しを行う。うまくいっていることは継続するのが原則ではあるが，精神障害や発達障害のある学生は状態像が変化することもあり，学年が上がるにつれて配慮なしでもできることが増える可能性がある。その時は建設的対話のもと，学生の意向を尊重しつつ，不必要な配慮はなくしていく。

3．環境の整備

①不服申立てのための相談窓口の設置（スライド22）

　障害のある学生が合理的配慮の内容やその決定過程または決定後の配慮の提供状況に不服がある場合，もしくはそもそも合理的配慮が検討されず不当な差別的取扱いを受けていると感じた時に相談できる窓口を高等教育機関は整備しておくことが望ましい。これは障害学生支援に関わる専門部署とは独立した第三者的，中立的な立場で調整を行える者，委員会，組織である必要がある。学内でこうした窓口を整備できない場合でも，障害者差別解消法に基づき，各省庁の窓口に相談を行うことができ，高等教育機関はこうした学内外の窓口について学生に周知する必要がある。

②学びのユニバーサルデザイン（スライド23）

　最後に，学びのユニバーサルデザインについて紹介する。ユニバーサルデザインとは1980年代にアメリカのロナルド・メイス博士が中心となって提唱した「性別や能力，身体的状況等の違いに関係なく，できるだけ多くの人が利用できるように製品や情報や環境等を設計すること」である。本章では，合理的配慮を障害のある学生に対する社会的障壁の除去という観点からまとめてきたが，授業資料の工夫や選択可能な発表形式は，障害の有無に拘らず，すべての学生にとって恩恵がある。ソフト，ハード両面において，ベストと思われる選択1つを我々が規定するのではなく，多様な選択肢を提示する中で自分にとってベストな方法を学生自身が選べる環境を提供していくことが，ユニバーサルデザインに配慮した教

育体制の実現につながる。

V　おわりに（スライド 24）

　法律や施策の項でまとめた通り，我が国における障害学生支援の歴史は浅い。だからこそ，これからも各大学で事例と経験を蓄積させ，より良い支援を模索していく必要がある。そして，障害の有無に拘らず，誰もが共に安心して学べる環境，すなわち「学びのユニバーサルデザイン化」の実現も求められている。そのためには，一人ひとりが障害に対する正しい知識を持ち，理解を深め，教職協働の関係を築き，障害のある学生の個別のニーズに真摯に対応していく必要がある。

　最後に，本章の内容を補完する参考資料を記載する。理解を深めるための参考にしていただきたい。

　　文　　　献

独立行政法人日本学生支援機構（2022）大学，短期大学及び高等専門学校における障害のある学生の修学支援に関する実態調査. https://www.jasso.go.jp/statistics/gakusei_shogai_syugaku/2022.html（2022 年 9 月 27 日閲覧）

独立行政法人日本学生支援機構（2018）合理的配慮ハンドブック. https://www.jasso.go.jp/gakusei/tokubetsu_shien/shogai_infomation/handbook/index.html（2022 年 9 月 27 日閲覧）

外務省（2022）障害者の権利に関する条約. https://www.mofa.go.jp/mofaj/gaiko/jinken/index_shogaisha.html（2022 年 9 月 27 日閲覧）

文部科学省（2014）障がいのある学生の修学支援に関する検討会報告（第一次まとめ）について. https://www.mext.go.jp/b_menu/houdou/24/12/1329295.htm（2022 年 9 月 27 日閲覧）

文部科学省（2017）障害のある学生の修学支援に関する検討会報告（第二次まとめ）について. https://www.mext.go.jp/b_menu/shingi/chousa/koutou/074/gaiyou/1384405.htm（2022 年 9 月 27 日閲覧）

内閣府（2013）障害を理由とする差別の解消の推進に関する法律. https://www8.cao.go.jp/shougai/suishin/law_h25-65.html（2022 年 9 月 27 日閲覧）

日本学生相談学会（2015）発達障害学生の理解と対応について―学生相談からの提言. https://www.gakuseisodan.com/wp-content/uploads/public/Proposal-20150425.pdf（2022 年 9 月 27 日閲覧）

第6章
留学生のメンタルヘルス

小島奈々恵

Ⅰ　はじめに

　留学生のメンタルヘルスと聞いて，構えてしまう教職員の方々がいるのではないだろうか。なんとなく難しく感じ，苦手意識さえあるかもしれない。とはいえ，留学生を含めた学生を支援することは大学教職員が担う役割の一つとも言える。なぜ難しく感じるのか。日本人学生を支援するのに比べ，留学生を支援することがなぜ大変に感じるのか。まずは，留学生をわかろうとすることから始めてはどうだろうか。

Ⅱ　留学生の実際（スライド2）

　最初に，留学生の実際について紹介する。学修・研究するために来日する留学生は，どのような思いで留学し，どのように日本で生活しているのだろうか。

█ 1．外国人留学生の受入（スライド3）

　日本では留学生30万人計画（2008年），グローバル30（2009年），スーパーグローバル大学創成支援（2014年）などの政策を通して，学修・研究のために来日する留学生の数を増やしてきた。2011年より日本語教育機関に在籍する留学生の数も含めて計上するようになり，2019年には30万人を超えたものの，

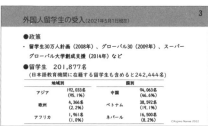

新型コロナウイルス感染症拡大の影響
により，大きく減少し，2021年には
約24万人となった（日本学生支援機
構，2022）。高等教育機関においては，
2019年に228,403名となるが，同じ
く新型コロナウイルス感染症拡大の影
響により，201,877名に減少してい

る。アジアからの留学生が，来日している留学生の約95％を占め，その中でも中
国からの留学生が46.6％となり，ベトナムとネパールからの留学生が続く。

2．本学の留学生（スライド4）

　本スライドにおいては，各大学の留学生数を示すことが重要となる。その多さ
であったとしても，少なさであったとしても，留学生（マイノリティ）を支援す
る重要性は変わらない。大学の現状を知ってもらい，各大学で必要かつ可能な留
学生支援の方法について考えるための基本的データとなる。

　大学が英語プログラムを提供しているか否かもポイントとなる。英語プログラ
ムを提供しているということは，日本語が話せなくとも在学を許可していること
となるため，英語のみでも（日本語が話せなくとも）少なくとも学修できる環境
を大学として提供する必要がある。もっと言えば，どのような基準で入学を許可
しているかにもよって同様の必要性が生じる。具体的には，英語プログラムを提
供していなかったとしても，日本語レベルを確認しないまま入学を許可していた
場合は，日本語ができない留学生の入学を許可していることにもつながり，多言
語でも対応可能な支援（学修環境）を提供できるようにしなければならない。少
なくとも，入学直後から，継続的に日本語に触れられる，日本語を学習できる環
境の提供は必須となる。後に触れるが，日本語が話せないまま日本で生活するこ
とは非常に難しいことを忘れてはならない。留学生の日本での生活は，大学内の
みで完結するものではない。来日してからの，市役所等での手続きや生活に必要
な買い物等は大学外での手続きや活動となり，生活に必要な最低限の日本語は必
須となる。

　例えば，筆者の所属する東北大学では，学生約17,500名のうち，約2,000名
が留学生であり，学生の約12％が留学生となり，その数は少なくない。アジア，
特に中国からの留学生が多く，次にインドネシアからの留学生が多いことは本学
の特徴とも言える。また，学部と大学院の両方において英語プログラムを提供し
ている。つまり，日本語が話せなくとも，本学が提供するカリキュラムを終え，

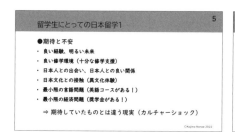

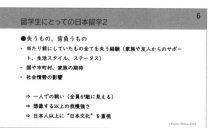

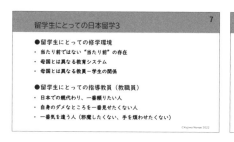

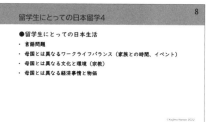

卒業できることとなる。

┃ 3．留学生にとっての日本留学（スライド 5 ～ 8）

　それでは，留学生はどのような思いを抱いて来日するのだろうか。それは，日本で学修・研究するためであることは言うまでもなく，日本での留学経験を通して，明るい未来を思い描いている留学生は少なくないだろう。多くの日本人と出会い，良い関係を育み，日本文化も体験できることを期待し，日本での留学生活を始める。また，英語コースのある大学であれば，最小限の言語問題で留学期間を終えることができると思うであろうし，奨学金取得の可能性を信じて来日した留学生であれば経済的問題が生じることも想像できないであろう。

　しかし，現実は，期待していたものと異なることが多いにある。日本人と良い関係を築くのは意外に難しく，国際交流イベントで仲良くなったとしても，ご飯を一緒に食べに行くなどの個人的なお付き合いができるようになるまでは時間がかかる。英語コースが提供されており，学修・研究に言語問題が生じなかったとしても，生活においては言語問題が生じる場合があり，英語で助けを求めたとしても，英語を話せない日本人が多いことに幻滅する。奨学金も取得できるものと来日するものの，実際に取得することは難しく，授業料免除を取得することも難しくなっている現状があることを知ることになる。来日してから数カ月以内にこのような現実に直面し，カルチャーショックを経験する留学生は多い。

　留学生は，来日する際，今までの生活で当たり前にしていたものを全て失う経

験をする。例えば，身近でサポートしてくれていた家族や友人とは離れて暮らすことになるために，今までのように簡単に助けを求めることができない。生活スタイルにおいても，当たり前に食べていたものを食べられなくなり，住居環境も大きく変わる。すでに就職していた学生であれば，自立できていた社会人という立場を失うこととなる。中には，国や市町村，家族の期待を背負って来日する留学生もいる。国の支援をもらっているからこそその責任を背負って来日する留学生もいれば，両親からの期待，市町村で初めて大学進学する，留学する学生として大きく期待され，来日する留学生もいる。また，社会情勢により，来日後の対応に変化が生じる場合もある。例えば，アメリカ同時多発テロ事件ではイスラム教徒の方々が，新型コロナウイルス感染症では中国人やアジア人が，ロシアのウクライナ侵攻ではロシア人が，差別され，警戒され，無視されることは記憶に新しい。

　留学に対する期待は大きいものの，不安も大きく，誰も助けてくれない環境の中，一人で戦わなければならないと感じる留学生もいるだろう。残念ながら，まわりの全員が敵に見え，手を差し伸べたとしても受け取ってもらえない場合もあるだろう。彼らは，こちらが想像する以上に我慢強く，納得できない出来事にも耐えている。また，日本人以上に日本文化を重視している場合があり，結果，生きにくさを経験することとなる。例えば，教授には直接話してはいけないと思っている留学生がいる。教授と話す前に，相談したい事項について，まずは先輩に，次に助教に，次に准教授／講師に，最後に教授に伺うものと思っている。そのようなことは決してないのだが，そのように信じていることから，対応が遅くなり，研究トラブルへの対応も遅くなることがある。

　次に，修学環境について考えてみる。日本で生活し，日本で教育を受けてきた者にとっては「当たり前」のことであっても，日本で生活も教育も受けてきていない者にとっては「当たり前」ではないことが多い。つまり，日本で教育・研究指導してきた教職員や日本で生まれ育った学生にとっての「当たり前」は，日本での教育・生活経験がない留学生にとっては「当たり前」ではなく，これから習得していく必要があるものとなる。彼らは，母国で日本とは異なる教育システムの元，教育を受けてきており，教員との関係の持ち方も異なることが容易に考えられる。また，彼らには，先輩の背中を見て，教職員との関係の持ち方や，先輩・後輩との付き合い方を学ぶ時間も十分にはない。

　彼らにとっての指導教員（教職員）という存在についても考えたい。一番頼りにしている，信頼したい存在であることに間違いない。今まで身近でサポートしてくれた家族や友人と離れて暮らす中，指導教員（教職員）は日本での親（家族）

代わりであり，必要なときには頼りたい存在であろう。同時に，自身を評価する存在でもあることから，自身の弱さを見せたくない存在でもある。結果，一番気を遣う存在であり，指導教員（教職員）の邪魔はしたくなく，手を煩わせたくない存在となる。

　前に述べたように，大学内で日本語を必要としなかったとしても，日本で生活する上で，最低限の日本語は必須となる。食物アレルギーのある学生にとっては，食べて良いもの悪いものを見分けるために日本語が必要となり，持病を持った学生にとっては，受診先で症状を説明するために日本語が必要となる。また，日々の時間の使い方，休暇の過ごし方も変えざるを得ない。休暇の短さや，特に，理系の場合は，研究室で過ごす時間の長さに驚く留学生は少なくはない。働き方改革を進めている大学は多いだろうが，今でも，日夜，週末を問わず，研究活動を進めている研究室は多い。また，クリスマスや旧正月，ラマダンなどを家族との大切な時間としてきた留学生にとって，日本ではその時間は用意されておらず，その時間を取るためには，授業や研究活動を休むこととなり，その葛藤と，教職員にどのように思われるのかを気にして，ストレスフルな選択を迫られる。イスラム教のように，信仰が生活そのものである場合，礼拝の時間や場所の確保は必須となり，それらのない環境での生活は考えられない。物価も大きく影響する。例えば，日本では，野菜や果物の値段が高いために，母国と同様の生活をしていたがゆえに，生活が難しくなるベジタリアンの留学生もいる。

Ⅲ　留学生の困りごと＆留学生支援の難しさ（スライド9）

　これまで，日本で学修・研究，生活する留学生について紹介してきた。彼らが具体的にどのようなことで困っており，そのような彼らを支援するのがなぜ難しいのか考えたい。

▌1．留学生が抱える困りごと（スライド10）

　留学生が抱える困りごとは，修学・生活・健康・就職の4つに分けられる。最初に，修学については，日本語であったとしても英語であったとしても，修学・研究に十分な語学力が求められる。授業内容や課題，研究内容や方法についても，分からないことはあるだろうし，それらについてどのように支援を求めて良いのかも分からないだろう。修学・研究において，指導教員（教職員）や学生（同級生やゼミ生）との関係は重要であるが，言語問題から，関係を育む難しさや，質問したいことを質問する難しさが生じる。

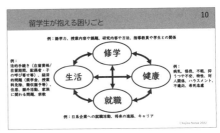

　生活においては，在留資格や在留期間，配偶者や子の呼び寄せなど，留学生にとってはしなければならない法的手続きがある。これらの手続きを怠れば，留学生にとっては一生を左右する，大学にとっては留学生の受入れに影響する問題となりうる。また，経済事情が母国とは異なることより，余裕ができる留学生もいる一方で，物価等の違いから苦しむ留学生もいる。また，ご家族に仕送りをしている留学生もいることから，奨学金を全て自由に使えるとは限らない。住居環境も大きく異なる。広さなど物理的な違いがあることもあるが，家族と一緒に住めなくなることや，ルームシェアしなくなること，寮生活を始めることなど，他者と一緒に住むようになること，住まなくなることの影響は大きい。来日して，課外活動への参加を希望する留学生もいる。しかし，留学生，もっと言えば，外国人と接することに慣れていない日本人学生が留学生と一緒に活動することは容易でないことから，断られる可能性が高く，応えてもらうことすらしてもらえないことも少なくない。最後に，信仰である。イスラム教のように，生活と深い関わりのある信仰は，日本では馴染みがなく，礼拝の時間や場所の確保が難しい場合がある。

　また，健康についてだが，病気や怪我と無縁に過ごせる人間はいない。誰しも風邪を引く可能性はあるし，現代では，新型コロナウイルスに感染することに不安を抱く学生もいるだろう。また，生活環境の変化，学修・研究のストレスからこころの健康を崩す留学生も少なくなく，不眠や抑うつ症状，不適応，希死念慮などの症状として現れる。残念なことではあるが，指導教員（教職員）とのミスコミュニケーションがハラスメント問題に発展することもある。

　最後に，就職についてであるが，日本での就職を希望する留学生の中にはその準備が全くできていない留学生が一定数いる。具体的には，現代の日本では，日本語能力がないままに就職することは難しい。そのことを知らず，就職活動を始めるが，お祈りメール（不採用通知メール）が続き，こころの健康を崩す学生もいれば，日本語能力の必要性に気付いたとしても，数日で得られる能力ではないことから，就職を断念せざるを得ないこととなる。

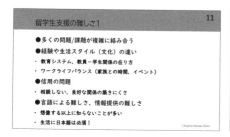
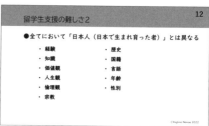

2．留学生支援の難しさ（スライド11，12）

　修学・生活・健康・就職における，留学生の困りごとについて紹介したが，留学生がこの中のひとつだけに困るということはない。多くの問題（課題）が複雑に絡み合っていることが多い。そのために，留学生支援は難しくなるのだと考えられる。しかし，語学力や法的手続きなど，留学生特有の問題以外は，日本人学生も同様に抱える困りごとであり，日本人学生の場合も，同様に，複数の問題（課題）が複雑に絡み合っていると考えると，留学生と日本人学生との間に大差はないはずである。

　ならば，なぜ難しいのか。それは，やはり文化差とも言える，今までの経験や生活スタイルの違いの影響が大きいと考えられる。また，信用の問題は否定できない。先入観や偏見から，国籍の異なる人間を信用することは簡単なことではない。本来は，頼りたい指導教員（教職員）には迷惑をかけたくなく，弱さも見せたくないために，相談しにくく，関係も育みにくい。また，言語による難しさから，大学としては提供している情報が伝わりにくい。大学，指導教員，教職員としては，提供しているつもりでも，留学生自身には残念ながら届いていないことは多く，こちらが想像する以上に知らないことが多い。

　もっとシンプルに言うならば，全てにおいて日本で生まれ育った者と異なるために，留学生支援は難しいと言える。経験，知識，価値観，人生観，倫理観，宗教，歴史，国籍，言語，年齢，性別などの全てにおいて違うために，難しい。しかし，全く同じ日本人もいないため，苦手意識を持たず，接することがポイントとなる。

IV　留学生支援のポイント（スライド13）

　留学生支援のポイントについて，次の通り，整理する。

1．修学支援について（スライド14，15）

　まずは，国間の教育システムの違いを考慮しつつ，当たり前だと思われている研究室での活動や報告方法など，言葉にして，しっかりと留学生に伝えることから始めたい。研究室でのふるまいや，研究室特有のルールについても同様のことが言え，言葉にして共有したい。また，教職員には迷惑をかけたくない，弱さを見せたくないという気持ちを汲み取り，教員から声をかけたい。教員が中心となり，学生間のコミュニケーションを活性化させる必要さえあるかもしれない。学生間のコミュニケーションにおいては，言語が問題となることが多いため，発表は日本語でするが，発表資料は英語で準備するなどの工夫を取り入れたい。こうすることで，留学生だけではなく，日本人学生にとってもメリットのある活動となる。

　また，来日する留学生の立場についても考えたい。母国では優等生であったために，奨学金を得ることができ，来日することもできたのであろう。しかし，右も左も分からない日本で優等生であることは難しい。支援していた立場から，支援される立場となり，初めての挫折を経験し，その事実を受け入れることに難しさを覚える留学生もいる。留学生も活躍できるような場を提供できると，その思いも緩和されると思われる。

　そして，残念ながら，学位取得できる水準に満たない留学生もいる。指導教員にしっかりと指導してもらい，ゼミ生にも助けてもらい，留学生自身も頑張った

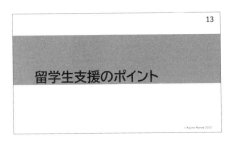

にも関わらず，その水準に到達できなかったのであれば，納得できるのかもしれない。しかし，指導に不満を抱く留学生も少なくない。また，学位取得できなかったために，母国から得ていた奨学金（留学資金）が借金となることもあり，その不満が爆発してしまう

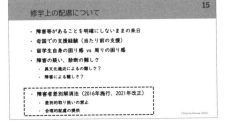

こともある。教職員としては，しっかり指導していたと言えることが大事であるため，今一度，自身の指導方法を振り返りたい。

2016年に施行された障害者差別解消法では，差別的取り扱いが禁止され，合理的配慮の提供が求められるようになった。合理的配慮の提供は，国立大学（国の行政機関・地方公共団体等）には法的義務があり，私立大学（民間事業者）には努力義務があった。しかし，2021年に改正され，私立大学（民間事業者）においても，3年以内に合理的配慮の提供が義務化される。

留学生の中には，障害があることを明確にしないまま来日する者もおり，来日後に大学としては知ることとなり，その対応でバタバタすることがある。その一方，留学生自身は，母国では当たり前のように受けていた支援を失う経験を通して，日本での生きにくさを経験することとなる。母国で受けていた配慮を，日本でも同様に受けることは難しく，教職員も留学生自身も疲弊してしまう。そうならないためにも，来日前より，必要に応じて，提供可能な合理的配慮と提供が難しい配慮（支援）について，しっかりと対話する必要がある。

母国では明らかとならなかった障害が，来日後に明らかとなることもある。ストレスによって，症状が顕著に現れることがあるためである。その際，留学生自身が抱える困り感と周りの困り感が異なることがある。また，症状はあるのだけども，それが異文化不適応によるものなのか，障害によるものなのか，原因を特定する難しさもある。

2．経済支援について（スライド16）

経済面においては，早い段階で，十分な情報を提供することが重要となる。例えば，修士学生であれば2年，博士学生であれば3年の間は，奨学金で問題なく過ごせるかもしれない。しかし，学生によっては，2年もしくは3年で修了できるとは限らない。その可能性が生じた段階で，留学生にはその可能性を伝え，修士学生であれば3年目以降，博士学生であれば4年目以降には奨学金を受給できなくなること，授業料免除される難しさも伝えた上で，学位取得のために，授業料だけではなく，卒業延長期間の生活費も貯金しておくよう助言する必要がある。アルバイトをすれば問題ないと考える留学生も少なくないようだが，授業料と生活費の両方をカバーするだけのアルバイトをすることは容易ではなく，その上，学位取得のために必要な研究活動をすることは容易でないことも，しっかりと伝えておく必要がある。このとき，日本人学生であれば，休学という選択肢もあるかもしれないが，学生ビザで来日している留学生にとってその選択肢はないことも忘れてはならない。留学生が休学をするということは，帰国を意味する。

　また，社会情勢の影響も忘れてはならない。開発途上国から来日している留学生の中には，家族を支援している留学生や，家族からの経済的支援が難しい留学生もいる。そのため，家族の支援を前提とした卒業延長を容易に提案することは避けたい。

3．生活支援について（スライド 17）

　生活において，留学生の信仰を無視できないことがある。信仰が生き方そのものであるためである。また，同じ信仰であっても，個人差があることも覚えておきたい。

　会食を伴うイベント等を行うときは，可能な範囲で配慮したい。例えば，研究室の活動として忘年会などを開催することがあると思われる。その際，信仰のために食べられないもの，飲めないものがあると知っておきながら，そのようなものを提供するような場所は避けたい。少なくとも，そのような可能性があった場合は，留学生本人に尋ね，確認したい。同じ信仰であっても，個人差があるために，昨年度まで居た留学生は豚肉もアルコールも食さなかったかもしれないが，新しくメンバーとなった留学生はアルコールを飲むかもしれない。決めつけず，コミュニケーションをとることで，国際交流も活性化される。また，日本人学生にとっては，制限されることになるため，日本人学生も楽しめるように，例えば，ビュッフェなどの活用や，ケータリングの活用を考えても良いかもしれない。

4．留学生支援のポイント（まとめ）（スライド 18，19）

　まとめると，○○人とまとめず，一般化しないことが重要となる。留学生個人個人と，一個人として接したい。

　そのためにも，コミュニケーションが重要となる。優しさからの声かけも重要ではあるが，卒業延期など留学生自身にとっては厳しいことも，誠実に伝えることがより重要となる。その際，留学生にしっかり伝わるような言葉選び，十分に時間を確保すること，居心地良い環境などを準備して伝えるよう心掛けたい。

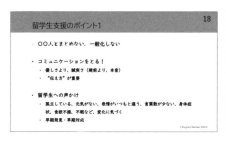

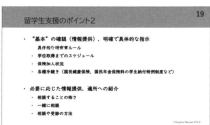

　優しさからの声かけは，留学生の変化に気づいたときに積極的に行いたい。孤立していたり，元気がなかったり，表情がいつもと違ったり，言葉数が少なかったり，身体症状や食欲不振，不眠などが見られたときには，積極的に声をかけ，困っていないことはないか尋ねたい。話してくれない場合もあると思われるが，必要なときに，話してほしいことを伝えておくだけでも，留学生にとっては心強い。また，留学生が困りごとを抱えていた場合，そのことに早期に気づき，早期に対応できることが望ましい。

　先に述べた誠実さにもつながるが，研究室のルールや日本での生活についての基本について情報提供し，確認し，明確に具体的に指示することも重要となる。それは，研究室のルールや，学位取得までのスケジュールにはじまり，保険加入状況や，国民健康保険や国民年金保険料の学生納付特例制度など生活にまで至る。

　中には，指導教員（教職員）だけでは解決できない困りごとを抱えている留学生もいると思われる。その際は，専門機関にしっかりと繋げたい。異国で，専門機関に相談することに大きな不安を抱き，怖くもあるかもしれない。そのことも踏まえ，しっかりと繋げるためにも，一緒に相談することを考えたい。また，一人で相談することになった場合は，相談方法や受診方法について，具体的に伝えたい。

V　チームで留学生を支援する（スライド20）

　留学生が抱える困りごとはひとつではなく，複数のものが複雑に絡み合っていることが多いため，チームで支援することも重要となる。

1．留学生支援機関（スライド21）

　学内においては，留学生が所属する学部や研究科，留学生を支援する専門部署（留学生センターや国際センターなど），心身の健康をサポートする保健管理センター，学生からの相談に応じる学生相談，障害のある学生をサポートする障害学

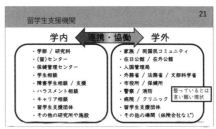

生支援，ハラスメント関連の相談を専門とするハラスメント相談，就職やキャリアに関する相談を専門とするキャリア相談，学内の留学生支援団体，その他の研究所や施設がある。

　学外においては，家族や同国民コミュニティの存在，母国民を支援する在日公館や在外公館，入国管理局，外務省，法務省，文部科学省，市役所，保健所，警察，消防，病院やクリニック，留学生支援団体，保険会社などがある。ここで注意したいのは，これらの機関全てが，留学生対応可能であるとは限らないということである。国内では，地域差が大きく，残念ながら，整っているとは言い難い現状にある機関は少なくない。

　各機関の体制を踏まえつつ，これらの機関が，必要に応じて，チームとなり，留学生を支援できるよう，日頃から連携しておくことが重要である。

2．留学生が抱える困りごとと対応（スライド22）

　留学生が抱える困りごとによって，連携する機関の数やその程度に違いが生じる。例えば，在留期間延長の手続きについて知らない留学生がいた場合は，その方法について学内の担当者が案内し，留学生本人に学外機関を訪れてもらったら良い。学内機関と学外機関が連携する必要性は低く，問題も軽度であると言える。

　しかし，留学生が事件・事故に遭った場合を考えたとき，警察，消防，病院が関わることが考えられ，学内においても，家族に代わって留学生本人をサポートすることや，留学生に代わってご家族に連絡する必要性が生じるかもしれない。また，事件・事故の内容によって，留学生と関わりのある教職員や学生のケアも必要になることが考えられる。このように，留学生の抱える困りごとが大きくなるほど，危機介入を必要とする重度な問題となり，学内機関においても，学外機関においても，複数の機関と密な連携が必要となる。

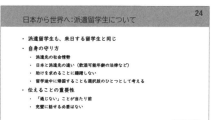

VI　おまけ──派遣留学生について（スライド23, 24）

　最後に，日本から世界各地に留学する派遣留学生についても紹介する。派遣留学生においても，受入留学生と同様のことが言える。留学に対する期待が大きく，不安も大きい。日本で当たり前と思っていたことが当たり前ではないという経験を通して，多くのことを学ぶ。何か困りごとを抱えたときの対応については渡日前に準備しておく必要がある。

　特に，自身の守り方については準備してほしい。派遣先の情勢や，日本との違いを踏まえ，自身の言動に注意したい。また，助けを求めることには躊躇せず，助けを求める相手についても明確にしておきたい。そして，最も大事だと思われるのは，留学継続が難しくなったときには，帰国することも選択肢として考える勇気である。帰国を考えることに問題はないこと，恥ずかしいことではないこと，その選択をすることで自身を守ることのほうが大切であることを，渡日前にしっかりと伝えたい。

　そして，同じくコミュニケーションは重要となり，「通じない」ことが当たり前の場所に行くのだから，伝えたいことをしっかりと伝えること，その際に，正確な発音や文法よりも身振り手振りを使いながらでも伝えることのほうが重要であることを知ってもらいたい。

　文　　献
独立行政法人日本学生支援機構（2022）2021（令和3）年度外国人留学生在籍状況調査結果.
　　https://www.studyinjapan.go.jp/ja/_mt/2022/03/date2021z.pdf（2022年12月25日閲覧）

第7章
学生に見られるアディクションの理解

加野章子

　大学生は，自由や権利とともに関係が広がり多様な経験が増える時期である。躓きや失敗から自立や責任を学び，成長の機会にできればよいが，将来に禍根を残す落とし穴となる危険も孕んでいる。そうした落とし穴の一つに，薬物依存やゲーム依存として知られるアディクションの問題がある。

　本章では，アディクションの概観や近年にみられる動向を紹介し，学生の心に届く支援を検討する。

I　アディクションの概観（スライド2）

　医学行政の基準は，米国精神医学会（APA）が作成する「精神疾患の診断・統計マニュアル」（DSM）と，世界保健機関（WHO）が作成する「疾病及び関連保健問題の国際統計分類」（ICD）に準拠している。

1．アディクションとは（スライド3〜6）

　アディクションは嗜癖と訳される。わが国では依存症が馴染み深いが，依存という用語は，信頼する・何かに頼るなど，一般的に健康な状態にも使用される多義的な言葉である。

　病的な依存には，精神疾患の診断において物質関連障害に分類される薬物やアルコールなどの化学物質への依存（dependency）があり，減薬や中止により，頭痛発汗，不穏不安などの離脱症状が引き起こされる身体依存と，たまらなく欲しいと切に求める渇望が生じる精神依存が生じる。乱用（ルールに反する用途や量の摂取）を繰り返すと耐性がつき，より多く強烈な刺激でなければ酔いや快感が得られなくなり，その耐性と連鎖して続く離脱症状の苦痛や渇望の衝動を抑えるため，手段を選ばず入手に固執する探索行動が強化される。依存乱用は使用障害，過剰摂取で悪影響を受けている状態は中毒，離脱症状は離脱と診断される。

　そして，執着や反復行動を含む，行為への病的依存をアディクション（嗜癖；addiction）という。

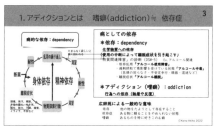

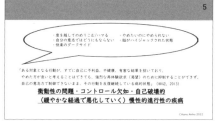

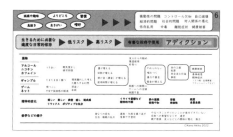

DSM-5 では，2013 年に物質関連障害と並列してギャンブルという行為をギャンブル障害という疾病に認定した。2022 年に発効された ICD-11 にはゲーム障害が含まれた。

　アディクションの概念や定義はこれまで何度も改正され，さらに現代も，新たな時代に舵が切られた過渡期にある。改定後，アディクションとは，狭義に①嗜癖障害（ゲーム障害・ギャンブル障害：非物質関連障害）を指すとともに，広義に②物質関連障害と嗜癖障害の双方を包括する概念ともなりつつある。また，一般的にはより広く③依存全般を示して用いられ，共通特性が指摘される強迫症や食行動障害などの疾病（鶴身・村井，2022；洲脇，2005）を含む場合もある。また，酒・タバコ・ギャンブルなどが複数に同時進行する，あるいは，ある特定の嗜癖が治まった途端に他の嗜癖がもぐら叩きのように出現するクロスアディクション（cross addiction；交差嗜好）が生じる例もある。

　この章では，主に②広義のアディクションに関して紹介していく。

　アディクションは，度を越してのめりこむ／ハマる，やめたいのにやめられない，自分の意志ではどうにもならない，脳がハイジャックされた状態（松本，2021），快楽のダークサイド（Linden，2011）などと表現される。つまり，「ある対象となる行動が，すでに自己に不利益，不健康，有害な結果を招いており，

やめた方が良いと考えることはできても，強烈な再体験欲求（渇望）のために抑制することができず，自己の意志力で制御できないまま，その行動を反復継続している病的状態」（田辺，2013）であり，衝動性の問題，自己コントロールの欠如，自己破壊的な特性を持つ，緩やかな経過で悪化していく慢性的進行性の疾病である。

　健康的で適度な依存は心を潤し生活を便利にする。息抜きや娯楽，拠り所や生きがいなど，さまざまな物質・行動・関係性に私たちは日常的に依存している。

　酒やタバコ，カフェインなどの嗜好品は，つきあい，眠気覚ましや疲労回復などの手段として気軽に用いられる。運良く勝った賭け事，暇つぶしや孤独解消にスマホなどで興じるゲームや SNS は，嬉しい楽しいという興奮や癒し，達成感やリラックス効果などのポジティブな気分を与えてくれる。しかし，その延長線上にさまざまなリスクを負うと知りつつまたは知らずに，勝つ幻想や利益を深追いし，承認の獲得に固執しはじめると，量や回数，掛け金や使用時間が増える。睡眠リズムや生活が乱れはじめ，身なりなどへの気配りが疎かになる。友人の勧めや集団のノリ・好奇心による薬物の乱用・ゲームなどへの没頭により，周囲への無関心さが顕著になる有害な依存の段階では，心身は不調な状態となり，実生活への気力は低下し攻撃性は増す。遅刻欠席，不登校や落第など修学にも支障が出る。罪や後悔，恥の意識に苛まれる段階が過ぎると，悪いと分かっている・やめたい，でも，自分には必要だからやり続けたいという両価的な心情を抱え，自分はいつでもやめられる・病気ではないと問題を過小に評価して否認し続ける。やめられずに嘘をつく，暴力や暴言，借金などを繰り返し，家族を巻き込む金の工面，犯罪や非合法な行為，不慮の事故，健康被害へと進行していく。必要なことは実行できず退学を余儀なくされ将来に希望をなくす。親や教員，友人などとの関係は悪化し孤立する。社会的にも経済的にも問題を抱え，対人関係も寄る辺なく追いつめられ，絶望し自暴自棄となる。

┃ 2．アディクションのメカニズム（スライド7〜9）

①報酬系回路

　生理学的観点では，広義のアディクション全般に「正常な活動が無視されるかもしれないほど強烈な，脳の報酬系の直接的な活性化を引き起こす脳障害」（DSM-5）として生理学的変化が認められており，アディクションは道徳的問題や自己責任ではなく，脳の病気であることがわかる。

　脳には，生命維持を司る脳幹，怒りや恐れなどの原始的感情や本能的欲求を司る辺縁系，人への思いやりや自分を律する理性を司る大脳皮質／前頭前野がある。

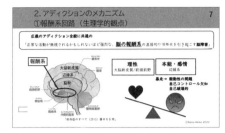

報酬系は脳幹と辺縁系が近接する部分に位置する脳内回路であり，脳内伝達物質ドーパミンを放出させて「心地よさ・幸福感・興奮」を提供し，主に生命維持に関連する行為を促進させる。乱用が繰り返されて回路が強烈に刺激されると，報酬系周辺の脳が変化し，元

から備わっていたドーパミン放出機能が低下する。依存対象を目の前にして，大脳皮質／前頭前野が，薬に頼っていてはだめだ・大切な人を悲しませてもいいのか・失礼のないようにちゃんとしよう，と指令を出しても，ドーパミンを放出させる刺激を激しく求める辺縁系が荒々しく暴走し修正困難に陥るため，回復に長い時間が要する（松本，2021）。

　自らレバーを押すことで，脳に埋め込まれた電極から報酬系回路を刺激するように細工されたラットの実験では，1時間に7,000回（単純計算では1.9/1秒）ものハイペースで，食べ物や水，他のいかなる活動より優先してレバーを押し続け，レバーがラットの世界の全てになってしまった（Linden, 2011）。

②自己治癒仮説

　社会的心理学的観点では，孤独や不信などの苦痛を自分自身で治療するために，各自固有の苦痛を打ち消す作用をもつ物質や行為が選択されて依存が生じる自己治癒仮説（Khantzian & Albanese, 2009）が紹介されており，アディクションの中心的問題は環境などの社会的影響や心理的痛みであって，各個人に特有のこころの病気でもあることがわかる。

　依存対象は，一時は心理的苦痛を軽減させ取り去る効果があるが，依存するかどうか，またどの刺激に依存するかには個人差がある。その個別の要因には，生得的な特性，パーソナリティや性質，環境や外傷体験などがある。

　また，褒められ承認される経験が多い安定した環境にあっても，ドーパミン放

出機能が生得的に弱い特性を持っていると，薬物などの強烈な快感には抗いにくい。加えて，凶悪な犯罪や性暴力の被害などの非常に辛い経験は，それまで十分に満たされ正常に機能していた報酬系作用を一瞬で壊してしまう（松本，2021）。

　なにより，実は，私たちはとても傷つきやすい。コンピューター上で簡単な集団キャッチボールを行う実験では，集団の中で他者から自分が選ばれずボールが飛んでこないと，その都度，期待外れによる傷つきを示す脳波が出現する（川本ら，2011）。生きることは苦しみや傷つきの連続である。アディクションへのきっかけや目的は，怠惰に快感に溺れることではなく，生き辛さを和らげる手段であり，命をつなげる唯一の救済であったのかもしれない。

Ⅱ　学生の動向（スライド 10）

　広義のアディクションに関連する知見と動向を紹介する。

▌1．物質関連障害（スライド 11 〜 13）

　DSM-5 は物質関連障害として，生体内に存在しない 10 種の物質に言及している。薬効には，脳の働きを活性化させるアッパー系（中枢神経興奮薬），抑制により緊張や不安を和らげるダウナー系（中枢神経抑制薬），五感に影響を及ぼし感じ方を変えるサイケ系（幻覚薬）があり，悩みや性格などの要因や目的などと相性が合うと乱用につながりやすい。

①合法薬物

　合法薬物であっても，処方容量を守らなければ乱用であり有害となる。近年，危ぶまれているのは，睡眠薬・抗不安薬などの処方薬や，咳止め・風邪薬・鎮痛薬などの市販薬の乱用である。専門病院で治療を受けた薬物関連精神疾患の症例数によると，覚せい剤に次ぐ患者群となっており，乱用の拡大がみられる。ドラッグストアで手軽に入手でき，捕まらない（取り締まられにくい）市販薬の依存症例は，若年・男性・高学歴・非犯罪傾向などの特徴が指摘されている（嶋根，2021）。

②違法薬物

　薬物事犯で最も検挙人数が多いのは覚せい剤（7,980 人）であり，次いで大麻（5,783 人）となっている（警視庁，2022）。近年，20 歳未満や 20 歳代の若年層において検挙者数が著しく増加しており，当然のことながらそこには大学生も

含まれている。

　また，15 歳以上 64 歳以下の国民 7,000 名を無作為抽出し，3,476 名（有効回答率 49.7％）の回答結果から推計された違法薬物の生涯経験率は，有機溶剤，覚せい剤，MDMA，コカイン，ヘロイン，危険ドラッグ，LSD の物質が横ばいか減少しているなかで大麻の増加が著しい（国立精神・神経医療研究センター，2021）。2022 年度に 18,847 名の私学大学生を対象とした「薬物に関する意識調査」（関西四大学，2022）によると，SNS やインターネットなどを介して違法薬物の入手が可能だと回答したのは 38.3％，つまり 3 人に 1 人に及ぶ。周囲の者が所持ないし使用していたと報告された薬物の 54％は大麻であった。

　平成 30 年 8 月，薬物乱用対策推進会議は第五次薬物乱用防止五か年戦略を策定した。

　未然防止に向けた意識向上を図る啓発資料には，健康被害，依存の仕組み，若者の大麻検挙者の拡大，有毒性，SNS での誘い，加工品や食品の紹介，法的意識，断る勇気などが紹介されている（厚生労働省，2021）。

　大麻は，年齢がより低いほど，身近な環境にある「誘い」をきっかけに「好奇心・興味本位」で手を出しやすい。乾燥大麻や大麻樹脂に加えて，ワックスや電子タバコで吸引するリキッドタイプ，大麻成分を含有するチョコやクッキーなどもある。ほとんどの入手方法はインターネットのコミュニティサイトからであり，それ以外は友人知人の紹介や譲渡である。

③薬物対応の留意点

　違法薬物の乱用，所持，製造や譲渡譲受などは違法行為である。大学においては，乱用していると相談された場合，使用現場に遭遇した場合，すでに学生間に集団的に拡大していて，背景に暴力団との関係があるとわかった場合など，さまざまなケースが想定される。

　重要なのは，大学は社会からの信頼に応える責務があり，その責務を果たすために，第一に，学生の立ち直りに向けた支援を行う必要がある。こうした場合，大学は客観的な調査と検討を行った上で，学内規定に準じて組織的な対応を図り，人権に配慮し，必要に応じて家族や関係各所と連携する。学内の保健管理センターや学生相談室などの医師や心理師などの専門家と協働し，当人の心情に寄り添う。必要に応じて社会資源を紹介し提案する（各自治体の精神保健福祉センターでは，本人や家族との面談や，専門機関の紹介を行っている）。必要や事件性があれば，直ちに警察に指示を仰ぐ。その際，事実確認は複数で行い，薬物名，動機，使用の場所や日時，一緒にいた人などを聴取する。証拠物には手を触れず，現場保存に努め写真などを残す。

▌2．ギャンブル障害（スライド14，15）

　ギャンブルとは，競技や遊戯に金銭物品を賭けて勝負を争うこと（ブリタニカ国際大百科事典）である。公営競技以外の賭博行為は違法であるが，パチンコ，宝くじなどは賭け事類似行為とされており，ゲームやスポーツでの賭け事は日常的に，ほとんど罪悪感なく楽しまれている。

　2020年度に実施された『ギャンブル障害およびギャンブル関連問題の実態調査』（2021）によると，アディクションが疑われる者が過去1年間に最もお金を使ったギャンブル等の種類は，男性ではパチスロ（35.4%），パチンコ（34.6%），競馬（12.3%）の順，女性ではパチンコ（60.0%），パチスロ（16.0%），宝くじ（ロト・ナンバーズ等含む，16.0%）の順であった。彼らハイリスク群は，うつ・不安傾向が強く，希死念慮や自殺企図が多く，喫煙率や小児期逆境体験（幼少期

の両親の離婚，虐待，いじめなど）を有する者の割合が高かった。なおこの調査では，インターネットでギャンブルをする機会がコロナ禍で増加していることが報告されている。

DSM-5 におけるギャンブル障害の診断基準は，耐性，コントロール欠如などの 9 項目が示されている。

大学生を対象とした調査では，ギャンブル障害と判定される者は 1.2%（品川，2010）または 1.8%（新井，2017）と一定数が確認され，男性が多い。ギャンブル経験者は約 4 割であった。そこでの経験は，カード類を使う賭け，くじ，ボーリングやゴルフなどでの賭けなど，日常的で身近な賭け事が多かった。しかし同時に，大学生全般の意識として「大学生とギャンブルが全く結びつかない」というコメントや，パチンコ・スロットの利用者からは，「ギャンブルは，経済やコミュニケーションに有効で，精神面・経済面の危険性は少ない」という認識が明らかになった（熊上，2014）。

┃ 3．ゲーム障害（スライド 16 〜 19）

ゲーム障害の診断基準の要旨をスライド 16 に示す（DSM-5 では提言止まりであり疾病とはまだ認定されていない）。

デジタルネイティブと称される現代の学生のほとんどはスマホを持ち，情報通信技術は，コロナ禍の教育にも活用される身近で便利なツールである。しかし，使い方を間違えると信頼や個人情報，貴重な時間や財産，健康など，多くのものを失いトラブルの火種になる。

2021 年に開催された第 2 回ゲーム依存症対策関係者会議では，ネット依存患者の 70% がゲーム障害であり，ネットやゲームの依存が形成されると使用時間は 30 時間／週（4 〜 5 時間／日）以上となること，使われるデバイスはスマホが最も多いという調査結果とともに，医療現場における困りごとなどが報告された（厚生労働省，2021）。

959 名の国立大学生を対象とした調査によると，ビデオゲーム（オンラインと

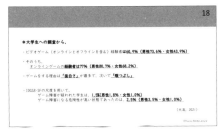

オフラインを含む）の経験がある者は 60.9％（男性 73.6％・女性 43.9％），その内でオンラインゲームの経験者は 77％（男性 80.7％・女性 68.2％）であり，ゲームをする理由は「面白さ」が最多で，「暇つぶし」が続いた（スライド 18）。また，DSM-5 の 9 つの診断基準に対応する IDGS8-SF 尺度（インターネットゲーム障害尺度ショートフォーム）を用いて，ゲーム障害が疑われた割合は 1.5％（男性 1.8％・女性 1.0％），ゲーム障害になる危険性が高い状態にあるのは 2.5％（男性 3.5％・女性 1.0％）であった（大渓，2022）。

　好奇心をくすぐる営利主義のゲームジャンルは多様に世に溢れている（スライド 19）。薬物などに比べると非常に安価で手軽だ。日本の法的規制は遅れており，予防的心理教育も不十分なまま，使用時間や課金などは自己管理に委ねられている。

　1,503 名の国公立私学学生対象の調査で，ジャンル別の利用動機，プレイ時間，課金金額などが報告された（井口，2015）。強い利用動機を伴うゲームジャンルには，ゲーマー達が架空の世界で勇者や魔法使いになるロールプレイング，強靭な力を駆使して冒険し空想の物語に浸るアドベンチャー，スポーツ感覚で画面のキャラクターを操作するアクションや敵を襲撃するシューティングなどがある。架空の世界の中で，試練を乗り越え成長し，仲間と団結して敵を倒して国を救う。ポイントを集めて競い合い，目的を達成し承認を得て歓喜する。推しのキャラクターを愛で幸福感に包まれる仮想シミュレーションもあり，魅力的な映像や音楽に感嘆し，声優やイラストレーターにまでも夢中になる。

　さらに，ゲームやネットを介した現代の若者の人間関係はリアルな友人関係とも重なっている。ゲームの話題で盛り上がり，約束した深夜の時間にゲームの世界で合流する。スマホやゲームを力ずくで取り上げることは，彼らの世界を破壊し存在を消し去る暴挙であり，時には取り返しのつかないトラブルを生む。

　ゲーム依存やネット依存の治療は困難を極める。当人が必要性を理解し納得してから実施される治療的キャンプでは，デジタルデトックスとともに，時間をかけて，リアルな体験や居場所に関心を持ち始められることを目的とする。

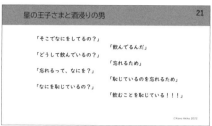

　ゲームなどの架空世界にのめりこみ，リアルの現実世界と両立ができていない学生に対して，早急にゲームを捨てて，リアルで夢中になれる刺激的なこと，ゆくゆくは現実に生計を立てられる生産的活動を見出そうと促しても，そう簡単には見つからない。しかし，大学の介入が，学生自身の客観的な気づきを促す千載一遇のチャンスになり得ることは確かである。アディクションに関する正しい知識や理解に基づいて，かけがえのない時間や健康を失う事実，学生の苦しみ，悩みの本質に向き合うことはできる。必要な支援を見出す糸口として，最後に，留意したい対応のポイントを検討する。

Ⅲ　対応の留意点（スライド 20 ～ 24）

　アルコール・薬物依存者の家族のための認知行動療法的プログラムに CRAFT（コミュニティ強化法と家族トレーニング）というものがある。このプログラムでは，本人が治療や相談に行くことに強く抵抗していても，治療を勧めるチャンスがあると紹介されている。そのチャンスとは，本人が後悔している時，動揺している時，家族が取り組んでいる治療に向けた活動などを知りたがった時，これまでと違う変化に気づいた時である（吉田，2014）。
　「そこでなにをしてるの？」『飲んでるんだ』「どうして？」『忘れるため』「なにを？」『恥じているのを忘れるため』「なにを恥じているの？」『飲むことを恥じている！』は，星の王子さまが 3 つ目の星で，酒浸りの男と交わした会話である（Saint-Exupéry, 1946）。暗い面持ちで酒の瓶の前で黙り込んで座る男が可哀そうで声をかけた王子さまだが，会話に行き詰まり「大人ってすごく変だ」と，とても憂鬱な気持ちで星を去る。
　なぜ？　どうして？　という他意のない問いかけも，両価的感情や罪悪感に苦しんでいる人には非難の言葉として届いてしまう。あなたならこの酒浸りの男とどう対話できるだろうか。
　日々の問題を減らし治療につながり続けて健康を守ることを，ハーム（害）・

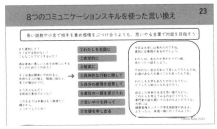

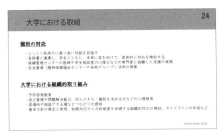

リダクション（低減）という。依存症
専門病院や精神科病院における入院や
外来治療，回復施設，自助グループで
は，患者が再発を繰り返しても排斥し
ない。そして，患者たちは，知識の習
得，感情表出や対人スキルのトレーニ
ング，自己管理などの心理社会的治療
に取り組んでいる。

　心理社会的治療の実践においては，来談者の抱える両価性，傷つきやすさ，対
人不信，心理的孤立感を理解して，存在を是認し，批判や非難をせず，支持的，
共感的，受容的な姿勢を示すこと，そして，選択や決定を尊重し，正直に話して
安心できる体験と信頼できる安全な居場所を提供することが重要である（西村，
2022）

　動機づけ面接では，援助者が正したい反射を意識的に我慢しないと，命令，説
得，警告，批判，恣意的言動を行ってしまい，相談者は心を閉ざし人間関係が損
なわれてしまうと指摘している（磯村，2019）。正したい反射とは，とっさに相
手の間違いを正そうとすることである。

　そもそも問題を起こしている学生を目の前にして正したい気持ちは学生を思え
ばこそ強くなるだろう。しかし，学生の目に映る私たち教職員のイメージを考え
てみてほしい。私たちが常に心掛けている，学生の信用を得るための毅然とした
振る舞いや言葉は，王子さまの他意のない問いかけ以上に，正しさという盾もし
くは槍となり，有無を言わせず学生を平伏させてしまうかもしれない。学生が優
等生であればなおさらに，素直な態度とは裏腹に本心のつながりを断ってしまう
かもしれない。

　CRAFT では，①私を主語に，②肯定的な言い方，③簡潔に，④具体的な行動
に言及，⑤漠然とした気持ちを整理して感情を自覚して伝える，⑥責任の一部を
受け入れる，⑦相手の気持ちになった思いやりの言葉，⑧相手を責めるのではな

く一緒に解決することを基本に支援を申し入れるといった，８つのコミュニケーションスキルが紹介されている。説教や小言で相手を責め感情をぶつけるよりも，学生の心情や状態を理解し，思いやる言葉で気持ちを届けて，対話を目指したい。

　アディクションは突然修正されるものではないこと，否認や両価的感情に揺れ，傷つきやすい心理状態にあること等を踏まえ，じっくりと気持ちに寄り添い対話することを，我々教職員の目下の目標に掲げたい。

　「話題にできてよかった」「聞いてもらえた」「愚痴が言えた」という経験は治療につながる確実な糸口になる。こちらの話を聞いてほしければ，学生の話にまず耳を向け，彼らの世界を理解することが重要だ。

　修学，健康や生活の問題には，各部署と連携し，学生とともに，未来に目を向けて具体的に対応を検討する。また，保健管理センターの医師や学生相談室の心理士などの専門家と協働した支援や，精神保健福祉センターや自助グループなどの社会資源の活用を提案し，学生や保護者が利用を検討できるとよい。

　組織的取り組みは，予防啓発教育，ストレス・心の隙間・寂しさなどの自己管理や問題解決能力，対人スキル・援助を求める力などの心理教育，居場所や相談できる場所などのつながりの提供などが，予防的なリスクマネージメントとして挙げられる。事前に防止対策委員会などで，基本方針の策定，初期対応や二次的被害を回避する組織的対応の検討，ガイドラインの作成が有効である。

文　　　献

新井清美ら（2017）大学生のアディクションの実態と問題化のリスク要因の検討―飲酒とギャンブルに関する質問紙調査から．日本アルコール関連問題学会雑誌，19(2); 77-84.

井口貴紀（2015）大学生とゲーム利用実態．情報通信学会誌，33(2); 41-51.

磯村毅（2019）失敗しない！―動機づけ面接．南山堂．

関西四大学（2022）薬物に関する意識調査．https://www.kansai-u.ac.jp/ja/assets/pdf/about/approach/nodrag/report2022.pdf（2022年11月7日閲覧）

川本大史・入戸野宏・浦光博（2011）集団の中で他者から選択されないということはネガティブに知覚されるのだろうか？　生理心理学と精神生理学，29(1); 33-40.

警視庁（2022）令和3年における組織犯罪の情勢．https://www.npa.go.jp/sosikihanzai/kikakubunseki/R03sotaijousei/R03sotaijousei.pdf（2022年11月7日閲覧）

Khantzian, E. J., & Albanese, M. J. (2009) *Understanding Addiction as Self Medication: Finding Hope Behind the Pain*. Rowman & Littlefield.（松本俊彦訳（2013）人はなぜ依存症になるのか―自己治療としてのアディクション．星和書店．）

国立病院機構久里浜医療センター（2021）ギャンブル障害およびギャンブル関連問題の実態調査．https://www.ncasa-japan.jp/pdf/document40.pdf（2022年11月7日閲覧）

国立精神・神経医療研究センター（2021）精神保健研究所薬物使用に関する全国住民調査．https://www.ncnp.go.jp/nimh/yakubutsu/report/index.html（2022年11月7日閲覧）

厚生労働省（2021）ゲーム依存症対策関係者会議．https://www.mhlw.go.jp/stf/

shingi2/0000202961_00004.html（2022 年 11 月 7 日閲覧）

厚生労働省（2022）学生向け啓蒙資料．https://www.mhlw.go.jp/content/11120000/000862982.pdf（2022 年 11 月 7 日閲覧）

熊上崇（2014）大学生におけるパチンコ・スロットの頻度と意識．立教大学コミュニティ福祉研究所紀要，**2**; 49-60.

Linden, D. J.（2011）*The Compass of Pleasure: How Our Brains Make Fatty Foods, Orgasm, Exercise, Marijuana, Generosity, Vodka, Learning, and Gambling Feel So Good.* Penguin Books.（岩坂彰訳（2014）快感回路—なぜ気持ちいいのか なぜやめられないのか．河出書房新社.）

松本俊彦（2021）世界　やさしい依存症入門．河出書房新社．

西村康平（2022）アディクションの心理社会的治療．精神科，**41**(2); 210-216.

日本精神神経学会（2014）DSM-5 精神疾患の分類と診断の手引．医学書院．

大渓俊幸（2022）大学生のオンラインゲーム使用状況と生活の質との関連性に関する調査（令和 3 年度千葉市・大学等共同研究事業報告書）．千葉市・千葉大学．

Saint-Exupéry, A.（1946）*Le Petit Prince.*（河野万里子訳（2006）星の王子さま．新潮社.）

嶋根卓也（2021）一般用医薬品による薬物依存の実態．https://www.igaku-shoin.co.jp/paper/archive/y2021/3408_03（2022 年 11 月 7 日閲覧）

品川由佳（2010）大学生のギャンブル依存に関する調査．広島大学保健管理センター研究論文集，**26**; 51-56.

田辺等（2013）嗜癖の理解と治療的アプローチの基本．In：和田清編：依存と嗜癖—どう理解し、どう対処するか．医学書院．

洲脇寛（2005）嗜癖精神医学の展開．新興医学出版社．

鶴身孝介・村井俊哉（2022）アディクションの歴史．精神科，**41**(2); 185-190.

吉田精次＋ ASK（2014）アルコール・薬物・ギャンブルで悩む家族のための 7 つの対処法．ASK.

第8章
LGBTQ の学生への理解と対応の第一歩

酒井　渉

Ⅰ　はじめに（スライド2，3）

　本章では，LGBTQ についての簡単な解説のあと，医学的診断との関係や，カミングアウトなど，それぞれの場面における理解と支援のあり方について，述べることとする。

Ⅱ　LGBTQ について（スライド4〜8）

1．LGBTQ は頭字語

　LGBTQ は，性的マイノリティ（少数者）を示す，頭字語である。
　L は，Lesbian（レズビアン）の略で，自身が女性であり，性的対象が女性であることをいう。わかりやすくいえば「自分は女性で，女性が好き」ということである。G は，Gay（ゲイ）の略で，自身が男性であり，性的対象が男性であることをいう。「自分は男性で，男性が好き」ということである，B は，Bisexual（バイセクシュアル）の略で，両性を性的対象とすることをいう。「自分は女性で，どちらの性も好き」あるいは「自分は男性で，どちらの性も好き」ということを指す。こうした性的対象に関することをまとめて，性的指向という。かつて用いられていたゲイを表す，「オカマ」「ホモ」は，現在においては差別用語とされる。レズビアンを短縮した「レズ」も，差別用語に該当しうるので注意が必要である。

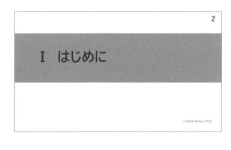

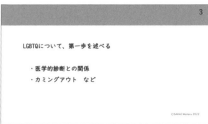

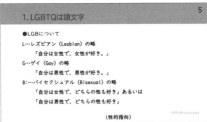

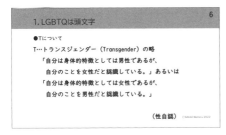

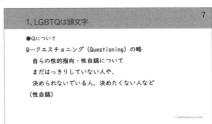

　T（Transgender；トランスジェンダー）は，性的対象に着目した上記3つとは意味合いが異なり，自身の身体的性別に違和を感じていることをいう。「自分は身体的特徴としては男性であるが，自分のことを女性だと認識している」あるいは，「自分は身体的特徴としては女性であるが，自分のことを男性だと認識している」ということを指す。自分が認識する性については，「性自認」という。

　加えて，Qは，Questioning（クエスチョニング）の略で，自らの性的指向・性自認についてまだはっきりしていない人や，決められないでいる人，決めたくない人などのことをいう。

　なお，それ以外のより多様な性のあり方を含み，「LGBTQ＋」「LGBTs」とする場合も増えているが，本稿ではLGBTQとする。

▌2．性的マジョリティ（多数者）との対比（スライド9）

　LGBに対し，自分とは違う性の人のみを性的対象とする人のことを，「ヘテロセクシュアル（Heterosexual）」といい，異性を性的対象とすることをいう。「自分は女性で，男性が性的対象である」あるいは「自分は男性で，女性が性的対象である」ということを指す。

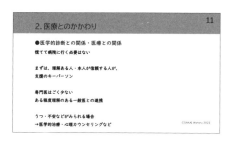

また，T（トランスジェンダー）の対意語は，「シスジェンダー（Cisgender）」である。身体的な性別と性自認とが一致していることをいう。「自分は身体的に女性であり，性自認も女性である」あるいは「自分は身体的に男性であり，性自認も男性である」ということを指す。

現在の社会におけるマジョリティ（多数者）は，ヘテロセクシュアルでありシスジェンダーの人である。「自分は身体的には女性であり，女性であると自認しており，男性が性的対象である」あるいは，「自分は身体的には男性であり，男性であると自認しており，女性が性的対象である」ということを指す。こうしたマジョリティの性的指向・性自認を「ストレート（Straight）」と呼ぶ。

Ⅲ　病気ではない（スライド 10，11）

┃ 1．医学的診断との関係

性的指向や性自認がマジョリティと異なることは，現在では病気とは考えられていない。WHO（世界保健機関）や米国精神医学会などのほか，我が国では日本精神神経学会が疾病とはみなさず，治療の対象から除外している。また，本人たちも，自分が「病気」だとは考えないことが多い。

┃ 2．医療とのかかわり

今すぐに体を変えたい，気分が塞いで登校できない，といった状況でなければ，慌てて病院に行く必要はない（針間，2016）。まずは理解のある人，本人が信頼している人をキーパーソンとして支援するのが適切である。

また，病気ではないので，学生の理解と対応については，診断の有無にこだわ

らないほうがよい。すなわち，医学的な診断の有無よりも，本人の側の意思や必要性に沿ってかかわることが必要とされる。

とはいえ，望ましいことではないが，特にトランスジェンダー（T）の場合，大学の側から，医師の診断書を求められることがありうる。しかし，日本には専門医はごく少ない。性的指向・性自認についてある程度の理解がある一般医をみつけ，連携する必要があるだろう。

一方，性別違和感による精神症状がひどいなど，問題が深刻である場合には，ホルモン剤の投与により自認する性に身体を近づける治療や，性別適合手術を検討する必要がある。その場合には，専門医による診断を経て，その後の治療がなされるであろう。

LGBTQ の人には，うつや不安など，精神症状がみられる率が，それ以外の人たちより多い（石田，2019）とされる。性別違和感や周囲との関係などからくる苦悩などが，その要因であろう。こうした場合には，精神症状に対する医学的治療や心理カウンセリングが必要になる。

なお，後述する一橋大学アウティング事件においては，自らの性的指向を受け容れている学生に対し，性同一性障害の専門クリニックを紹介したという点（渡辺，2016a）も問題であろう。

書き添えると，前述のように，現在では，性的指向・性自認がマジョリティと異なっていることは，疾病とはみなされない。「性同一性障害」という診断名は，渡辺（2016a）による記事執筆時点でのものである。

Ⅳ　カミングアウトとアウティング（スライド 12）

1．カミングアウト（スライド 13，14）

カミングアウトとは，本人が，自身の性的指向・性自認について，他者に明らかにすることをいう。カミングアウトには，リスクが伴う。相手が理解してくれるかどうかわからないからである。

カミングアウトを受けた際には，話してくれたことに感謝し，「よく伝えてくれたね」などとねぎらう。話を切ったり，先回りしたりせずに，まずは話を聞くことに注力する。レインボーハートプロジェクト okinawa（2021）は，「きちんと話を聞くだけで」支えになるという。その上で，話してくれた理由，すなわち，どういうことを望んでいるのか，どういうことをしてほしくないかを，急かさずに聞き取ることが必要である。必要に応じ，情報提供も行う。また，カミングアウトに伴って予測される，本人にとってのメリットとデメリットについて，とも

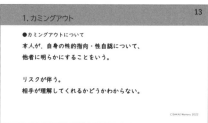

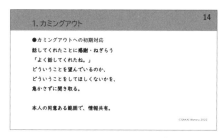

に整理する必要がある。

　なお，カミングアウトには，「この人にわかってほしい」という個人的なレベルから，大学全体の理解を求めるレベル，社会での共通理解や法律の改正を求めるレベルまで，さまざまなレベルがある（石田，2016）。本人がどのレベルでのカミングアウトを求めているのかをよく聞き取り，尊重すべきである。また，今後の支援を行うにあたって，どの範囲でのどのような情報共有ならよいか，本人に尋ねた上で行う必要がある。これらは他の相談の場合と同じであり，特別視するにはあたらない。

　中等教育までの段階でカミングアウトをして，何らかの支援を受けてきているケースもある。そのような場合には，これまでの支援について，それがどのような支援で，本人がどう感じていたかを尋ねるのが重要であろう。

2．アウティング（スライド 15, 16）

　一方，カミングアウトに対し，他者の性的指向・性自認を，本人の同意なく他者に教えることを，アウティングという。

　しばしば，本人のためによかれと思って，他者に教える場合があるが，それでもやはり問題があると考えるべきである。なぜなら，話を聞いた相手方が同じようにLGBTQに理解があるとは限らないからである。

　もし，アウティングを行ってしまった場合には，すみやかに本人に伝える必要がある。どの範囲にまで，本人の性的指向・性自認を伝えてしまったのか，また，どの範囲にまで広がる恐れがあるのかを伝える必要がある。その上で，その後の対応について，本人の意向を聞き，それに沿って対応していくべきである。

　アウティングについては，一橋大学のロースクールの学生が転落死した事件により，その問題が広く理解されるようになった。この事件の経緯については，渡

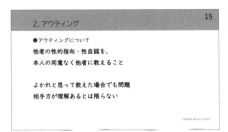
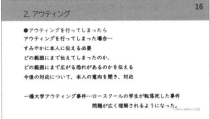

辺（2016a，2016b，2016c）に詳しい。

　なお，遺族はその後，大学を法的に訴えたが，判決は転落死について安全配慮義務違反を認めず，遺族側は敗訴した。ただし判決文は，アウティングについて，「人格権ないしプライバシー権などを著しく侵害するものであり，許されない行為であることは明らか」としている（東京新聞，2020）。アウティングの違法性に言及した，我が国初の判決であると思われ，今後の方向性を示すものといえよう。

V　大学全体での取り組み（スライド 17 ～ 19）

　男女別のトイレのほかに，多目的トイレを設置する必要があるだろう。これは身体障害をもつ学生などにとっても必要である。また，名簿は男女別ではない必要があるだろう。また，氏名を呼ぶとき，「くん」「さん」づけではなく，全員を「さん」づけで呼ぶといった取り組みも多くなってきている。こうした取り組みは，LGBTQ の学生が存在すると思われるかどうかにかかわらず，実施されているべきである（石田，2019）。後述するように，人口中には一定の割合で LGBTQ の人が含まれている。カミングアウトをしないでいる，あるいはできないでいるが，すでに在学しているという学生がいる可能性がある（石田，2019）。また，新たに入学してくる場合もあるだろう。

　また，本人から希望があった場合に，戸籍とは違った性別や氏名での在籍を認めるべきである。これも，現在において希望する学生がいない場合でも，準備が必要であろう。

　初年度教育などの授業や，新入生などを対象としたオリエンテーションで扱う際にも，人権にかかわる課題であることに留意して内容を構成する必要がある。

　ポスターのほか，パンフレットを置く，配布するなども重要である。その際，相談できる窓口を，できれば複数，示すことが必要である。こうした活動から，大学全体が取り組んでいることを示すことができる。

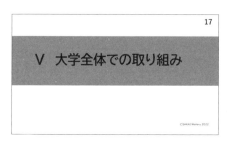
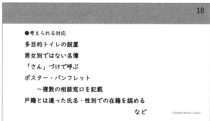

また，LGBTQ の学生の中には，孤立感を抱えて過ごしている学生が多く存在する。こうした学生たちに大学の取り組みを示すことで，孤立感はいくぶんやわらぐと思われる。

この節の最後に，大学全体での理解が重要であり，管理職などその場の長の参画が必要である（葛西，2019）ことを記しておく。

VI　人権啓発およびリスク管理としての LGBTQ （スライド 20，21）

LGBTQ の学生への理解および対応は，大学キャンパスにおけるリスク管理という側面からも注意が求められる（酒井，2022）。しかし，あくまでもアドボカシー（権利擁護）という観点から重要視し，予防啓発に取り組むべき課題である。

何らかの被害が起こってから，誠実に対応することはもちろん必要である。しかしそれでも，被害者は長年にわたり，あるいは一生涯，心に傷を抱えて生きていくことになる。前述のように，精神症状の発生など，医学的な問題を抱える場合も多い。事件となる前の対応が重要である。これは例えば，デート DV などの他の人権問題と同様であり，決して LGBTQ に限ったことではなく，特別視すべ

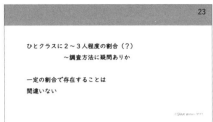

きではない。

Ⅶ　LGBTQ の割合（スライド 22，23）

　近年，LGBTQ の人は，13 人にひとり，ひとクラスに 2 〜 3 人程度の割合で存在するといわれることが多い。しかしこの根拠は，インターネットでの調査によるなど調査協力者に偏りがあり，全人口を代表しているとはいえないとする見解（石田，2019）もある。今のところ，全人口に占める正確な割合は明らかになっていないと考えるのが適切と思われる。しかしながら，一定の割合で存在していることは，たしかであるといえる。

Ⅷ　法律・制度について（スライド 24 〜 27）

　我が国における，LGBTQ をめぐる法律・制度について述べる。LGBTQ の学生は，徐々に，我が国においては課題が多いことを知っていくことになる。LGBTQ の学生を支援する教職員としては，本人のペースに合わせていくことになる。インターネットなどで急に多くの情報を知ってしまい，ショックを受ける可能性もあるだろう。いずれにしても，前述のように，さえぎらず本人の話を聞きつつ，本人の意思決定をサポートすることになるだろう。インターネットの利用については，村木（2016）を要約すると，下記のようにいえよう。学生は，インターネットで否定的な情報に触れ，傷つく可能性がある。また，金銭的な脅迫や性的な搾取もみられるので，注意が必要である。よい情報もたくさんあるので，情報の目利きが必要である。

　我が国では，同性婚が認められていない。そのため，例えばパートナーが病気で意識がなくなったとしても，医師から病状を聞くことができない。また亡くなった場合に，パートナーとして死を悼むことが周囲や社会から認められていない。財産の相続もできない。これらの課題から，養子縁組をする同性カップルもみら

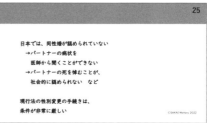

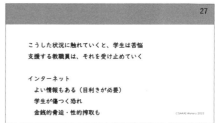

れるが，本質的な解決ではなく，このような解決方法しかないことが，LQBTQ
の人を苦しめている。

　また，現行法での性別変更には，子どもが成年に達していること，性別適合手
術を受け生殖能力が無くなっていることなど，厳しい条件が課されている。これ
は，性的断種を強いるものであり，性の権利と健康の理念に反する（石田，2019）
といえる。学生はこうした情報を得ていくことになり，苦悩するであろう。それ
を受け止めていく必要がある。法律のほうが立ち遅れているのだ，という認識が
必要である。

　近年，同性カップルのパートナーを認める「パートナーシップ制度」を取り入
れる自治体が徐々にではあるが，増えてきている。しかし，面会権や財産相続の
権利を認める自治体はまだ少ないなど，諸外国に比べ，不十分な点がみられる。
パートナーシップ制度は，LGBTQ の人にとって，喜ばしいことであると同時に，
必ずしも十分なものでないことも理解しておく必要があるだろう。

IX　理解者「アライ」の存在（スライド 28，29）

　アライ（Ally）とは，LGBTQ を理解し，支援しようとする人たちのことを指
す。アライという言葉ができたことによって，LGBTQ の学生にとっても，支援
者自身にとっても，周囲の人々にとっても，支援しようとする人たちの存在が，
明らかになった。大学においては，アライによる LGBTQ への理解と支援の活動

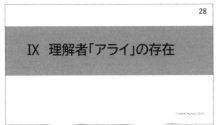

を行うサークルも出始めており，学生同士による支援が進んでいる。

　しかし残念ながら，こうした動きは，宗教団体などによる，正体を隠した勧誘に利用されることもある。今後，大学キャンパスでの伸張が予想され，注意が必要である（石田，2019）。なお，正体を隠した偽装勧誘については，滝本（2016）や酒井（2022）において述べられているので参照されたい。

X　家族への対応（スライド30，31）

　家族にとって受け容れが難しい場合も多い。必要に応じ，心理カウンセリングなどの利用を勧めるのがよいだろう。

　家族が困難を抱えているであろうことは，おおむね予測できる。しかし，大学関係者が「ショックなことをお伝えします」「息子さんは，同性愛者でした」と話を切り出したというケース（渡辺，2016b）もある。予断をもたずに，まずは話を聞くことが必要である。

XI　就職活動にあたって（スライド32，33）

　就職活動にあたっては，本人の意思を尊重しつつ支援していくのが適切である（薬師，2016）。「戸籍の性別以外で働けるわけがない」「カミングアウトしたら就職先はみつからない」などと決めつけずに，本人の希望を聞いた上で，それが

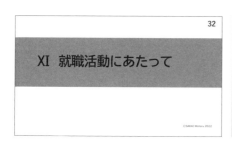

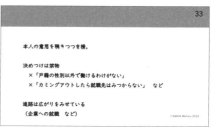

どのようにしたら実現できるのか（薬師，2016）を一緒に考えていく，という姿勢が必要とされる。実際のところ，前述の「アライ」らの取り組みなどにより，LGBTQ の学生たちの進路は，企業への就職も含め，広がりをみせている。

　　文　　献

針間克己（2016）Q11 LGBT の児童・生徒が困っている場合，病院での受診を勧めたほうがよいのでしょうか？　In：はたちさこ・藤井ひろみ・桂木祥子編著：学校・病院で必ず役立つ LGBT サポートブック．保育社，pp.48-49.

石田仁（2019）はじめて学ぶ LGBT —基礎からトレンドまで（スッキリわかる！）．ナツメ社.

いわたにてるこ（2013）Q13 入学前に性同一性障害であることを伝えられました。どのような配慮が必要でしょうか？　In：はたちさこ・藤井ひろみ・桂木祥子編著：学校・病院で必ず役立つ LGBT サポートブック．保育社，pp.52-53.

葛西真記子（2019）第 2 章　教員の意識変容と啓発をどう行うか．In：葛西真記子編著：LGBTQ ＋の児童・生徒・学生への支援—教育現場をセーフゾーンにするために．誠信書房，pp.17-30.

村木真紀（2016）Q19 インターネットを通じて仲間ができたといっていますが，ちょっと心配です．In：はたちさこ・藤井ひろみ・桂木祥子編著：学校・病院で必ず役立つ LGBT サポートブック．保育社，pp.82-84.

レインボーハートプロジェクト okinawa（2021）LGBT・性の多様性啓発パンフレット.

酒井渉（2022）第 12 章　学生生活上のさまざまなリスク—カルト，薬物，アルコール，ブラックバイト，デート DV など．In：全国学生相談研究会議編：学生相談カウンセラーと考えるキャンパスの危機管理—効果的な学内研修のために．遠見書房，pp.157-165.

滝本太郎（2016）報告 5　被害救済の観点からみたオウム．宗教と社会，**22**; 138-139.

東京新聞（2020）一橋大生の同性愛暴露訴訟　裁判長「アウティングは許されない行為」　遺族の請求は棄却　東京高裁．https://www.tokyo-np.co.jp/article/70469（2022 年 11 月 22 日閲覧）

渡辺一樹（2016a）「ゲイだ」とばらされ苦悩の末の死—学生遺族が一橋大と同級生を提訴．BuzzFeed．https://www.buzzfeed.com/jp/kazukiwatanabe/gay-student-sued-hitotsubashi-university（2022 年 11 月 22 日閲覧）

渡辺一樹（2016b）一橋大・ゲイとばらされ亡くなった学生—遺族が語った「後悔」と「疑問」．BuzzFeed．（https://www.buzzfeed.com/jp/kazukiwatanabe/family-told-about-their-son-and-hitotsubashi-lawschool（2022 年 11 月 22 日閲覧）

渡辺一樹（2016c）一橋大ロースクール生「ゲイだ」とバラされ転落死—なぜ同級生は暴露したのか．BuzzFeed．https://www.buzzfeed.com/jp/kazukiwatanabe/hitotsubashi-outingthis-is-how-it-happened（2022 年 11 月 22 日閲覧）

藥師実芳（2016）Q16-(e)　こんなときどう対応する―就職は希望の性別でしたいと相談がありました. In：はたちさこ・藤井ひろみ・桂木祥子編著：学校・病院で必ず役立つ LGBT サポートブック. 保育社, pp.72-74.

第9章

不登校・ひきこもり学生への対応

太田裕一

I　大学生の「不登校・ひきこもり」という概念について（スライド2〜6）

1．大学生の「不登校・ひきこもり」について

　大学教員であれば，講義に出席せず多くの単位を落としてしまったり，研究が進まずゼミを欠席した学生に対して呼び出し面接を行ったりしたことはあるのではないか。また必要な事務手続きを行わず，メールや電話での呼び出しにも反応しないために苦労した事務職員も多いだろう。

　「大学生の不登校・ひきこもり」とは呼ぶものの，単位取得や研究・論文執筆が重視される大学生の「不登校」は，高校生までの「不登校」とはかなり質的な違いがある。また狭義の「ひきこもり」は厚生労働省による定義は「仕事や学校に行かず，かつ家族以外の人との交流をほとんどせずに，6か月以上続けて自宅にひきこもっている状態」であり，このような状況では大学への入学は困難で，卒業もほぼ不可能である。もちろん大学生の「ひきこもり」の一部には狭義の「ひきこもり」に分類されるような学生がいると思われるが，このような学生はそのまま大学を退学していく場合が多い。大学の学生支援で対象となってくる「大学生のひきこもり」は狭義の「ひきこもり」とは異なる特性をもったグループではないかと考えられる。

　では「大学生の不登校・ひきこもり」と呼ばれる学生の本質的な特徴は何なのか。筆者はこれはふたつの群からなり，ひとつは意識的あるいは回避的に単位取得からドロップアウトする「単位不良学生」，ひとつは研究生活への不適応からくる「研究生活不適応学生」であると考える。

2．大学生の「不登校」概念の変遷

　大学生の「不登校・ひきこもり」問題がどのような歴史的経緯を辿ったかを簡

I.「大学生の不登校・ひきこもり」という概念について

「大学生の不登校・ひきこもり」という名称について

●大学生の「不登校」
　文部科学省の定義によれば、義務教育で年間30日以上の欠席をする生徒が不登校と呼ばれる。「不登校」とは出席が義務である初・中等教育にふさわしい呼称である。出席というよりも単位取得が目的である大学では、完全不登校よりも学期のはじめは出席するがどこかで出席をやめてしまう方が多い。

●大学生の（社会的）ひきこもり
　ひきこもり＝「仕事や学校に行かず、かつ家族以外の人との交流はほとんどせずに、6か月以上続けて自宅にひきこもっている状態」。なので、狭義の「ひきこもり」は大学の支援にはかからない。

●大学生の不登校の実態：「単位不良学生」と「研究生活不適応学生」
　精神疾患・発達障害を持った学生を除き、神経学的な学力の問題ではなく心理的問題を抱えた単位不良学生、研究不適応学生が支援のターゲットである。

日本の大学生の「不登校」学生概念の変遷

旧制大学（戦前）	落第生	関連する講義をひとつでも落とすと落第となり、その学年の講義をすべて履習しなければならない。現実に留年に継続いもであったため、心理的意義はあまり顕在しない。
新制大学		単位制度の導入によって落とした単位のみ再履修すれば良くなり、「留年」という言葉が使われるようになる。
1964年頃	留年生	留年生の増加とともに「留年」という言葉が一般に広まる。さまざまな分野や背景が提唱される。
1973年	アパシー（無気力）	笠原（1973）が社会生活から心の部分が撤退する退却神経症の一種として採用。学業以外の社会生活は可能である。
1990年代	大学生の不登校	義務教育で使われていた「不登校」という呼称が大学生に対しても使われ始める。
1990年代後半	（社会的）ひきこもり学生	1980年代から「退却神経症」のような部分的な社会生活の撤退ではなく、完全に撤退である「（社会的）ひきこもり」という用語が使われ始め、90年代後半には一般化する。

単に振り返っておこう。戦後新制大学で単位制が導入され，落とした単位のみ次年度以降に再履修すれば良くなると，旧制大学で使われていた落第の代わりに留年という言葉が使われるようになった。1964 年ごろから大学生の大量留年が注目され社会問題となり，この「留年」という言葉がポピュラーになっていく。大学進学率が 10％を越えて大学の教育システムや学習環境の問題も大きかったものと思われるが，この現象は医療化されて診断名を与えられた。精神科医の笠原嘉は留年学生や，児童の登校拒否，サラリーマンの欠勤症に共通する病理として，副業には専念できるが，個人に期待される社会的役割である本業からは選択的に退却し，無気力・無関心・抑うつなどを呈する「退却神経症」という日本独自の診断名を与えた（笠原，1973）。特に大学生の場合は，アメリカの精神科医 Walters（1961）の本国ではほとんど注目されていない研究に敬意を表して（スチューデント）アパシー（無気力）と呼んだ。

　1990 年代半ばから義務教育で使用されていた「不登校」という呼称が大学生に対しても使われ始める。また 1980 年代から従来の「退却神経症」のような選択的な退却ではなく，全面的に対人関係から退却する「ひきこもり」という言葉が使われ始め，書籍『社会的ひきこもり』（斎藤，1998）がベストセラーになると，大学生に対しても「ひきこもり」という呼称が使われるようになった。しかしこれらの用語が大学生の実態には適合したものではないのは，前項で述べたとおりである。

3．単位不良学生のタイプ

　大学を４年間で卒業する学生は約８割なので２割近くの学生は留年を経験し，この中で退学する学生は全学生の約２％程度である（文部科学省，2018）。留年

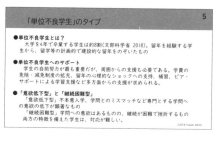

学生の中には留学や学外のプロジェクトへの参加など肯定的で計画的なものもあるだろうから，大学生の2割弱が「不登校・ひきこもり学生」ということになる。こうした学生の中で最も多いのが単位取得が困難で留年している「単位不良型」の学生である。単位不良と言っても試験で失敗して必修単位ひとつを落として留年してしまった学生から，ほとんど出席せず単位も全く取れていない学生まで状態はさまざまである。

基本的には単位不良に対しては学生本人の学習が中心とはなるが，自己責任として放置せずに適切な支援を行うことが求められる。経済的な困窮からアルバイトを優先しなければならず単位を落とす学生も多く，学費の免除・減免制度の広報および拡充，食料などの現物支給などの現実的な経済的支援は基本だろう。必修単位一つを落として留年した学生も心理的，経済的なダメージは大きく心理的なサポートが必要になる場合もある。純粋な学力が不足している場合は，補習等の学習上の援助が有効である。

精神疾患や発達障害が主な原因で単位不良となる学生は多い。精神疾患を持った学生に関してはまず疾患の治療が優先されるべきである。また精神障害・発達障害が単位不良の原因になっているのであれば，本人の自己申告に基づいて合理的配慮の提供を行うことが適切であり，他の要因のものとは分けて考える必要がある。

単位不良学生は学問への意欲の低下が顕著な学生と，特に意欲自体が下がっているわけではないが学業を学期を通じて継続することが難しい学生に大別される。

第一志望の大学に合格できずキャンパスライフに不満を感じている学生，専門とする学問についてイメージができておらず，実際に学習してみてそのギャップの大きさから意欲を失ってしまう学生，入学当初はやる気があったものの専門性が高まるに連れてついていけなくなるような学生など，意欲低下型にもさまざまなタイプが存在する。

学業継続が困難なタイプの場合，安定した修学を阻む要因はさまざまなものが考えられるが，特に単身生活をおくる学生が自分で自分の日常生活や学業を律することができないということが最も中核的なものである。高校までの学生生活では，家族や担任の関わりも厚く，クラスも固定したメンバーで構造化されているため，人間関係も自然に形成されていき，受け身に与えられた勉強をこなしてい

ればよかった。自由な大学の枠組みの
中では，生活リズムを自分で整えられ
なかったり，学習面でサポートできる
ような対人関係が作れなかったり，他
人から勉強するように言われたり，欠
席して叱られたりすることも少ないた
め，高校まで環境の力によって学業に

取り組んできたタイプの学生が，自分で自分を律することができなくなることも
多い。もちろんこの2つの特徴を両方とも備えた学生も存在し，このような学生
の対応は難しいものになる。

4．研究生活不適応学生のタイプ

　研究生活不適応型は，指導教員，研究室の他の学生との関係が不調となる関係
不調型，研究自体や，研究室の活動に関与することが問題となる。
　関係不調型は学生の側に対人関係的なスキルが不足していたりするもの，指導
教員や先輩，同期，後輩との相性が問題になるもの，アカデミック・ハラスメン
トに近いものまでさまざまである。実際に問題となるのははっきりとしたハラス
メントとまでは言えないが，指導教員と学生の相性が悪くてギクシャクしてしま
うような場合が多い。学生の許可を取って教員との間を取り持つような対応も必
要になるし，学生がそれを望まなければ何とかだましだまし論文提出までをしの
ぐということになる。
　研究不調型には，創造的探索的に新しいテーマを開拓することが苦手な学生や，
理系の研究室に典型的な要求水準が高く拘束時間も多く研究成果が出せずに消耗
してしまう学生が含まれる。
　研究生活がうまくいかない中で並行して就職活動を行うのは負担が大きく，特
に内定が得られない場合は精神的にも追い詰められる。就活の躓きが不登校のき
っかけになることも多い。ときに厳しい研究生活をしのいでいくには，研究の一
方で自分の楽しみを追求したりするなどのバランス感覚が重要である。

II　学生対応の実際（スライド7～12）

1．教職員としての関わり

　高校までの受動的な履修に比べて，大学では主体的に講義を選択しなければな
らず意欲低下などから履修登録で躓く学生も多い。大学によってシステムは異な

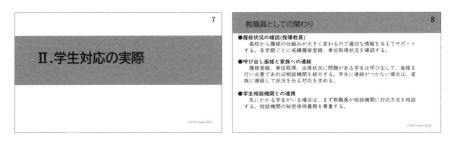

るが、研究室所属以前の指導教員であれば履修登録の確認や単位取得状況の確認は必須だろう。履修登録を行わない学生（不登校の重要なサインである）に対して呼び出し、連絡がつかない場合や不登校状況にあることが明らかな場合は家族に連絡するなどの対応が必要になる。学生がメール、電話、チャット等にどれくらい応答できるかは、不登校の重症度を図る大きな目安になる。

「〜という学生がそちらの機関を利用していますか？」などと相談機関に問い合わせても、秘密保持義務に関わるので教えてもらえる可能性は低い。対応に迷った場合は教員自身が相談機関に対応方法について相談するのが良い。指導教員でなくても講義を担当する教員や、窓口対応で職員が気になった学生を相談機関に紹介したり、気にかかる学生のことを相談することも重要である。

2．学生との面談の際に注意すること

不登校傾向のある学生に接する機会は貴重なものである。一方的に叱ったり、叱咤激励したりするだけは、学生も本音を言えずによりいっそうひきこもってしまうこともある。基本的に共感的で穏やかな態度は必要である。カウンセラーが面接の中でも下記のような事象は問題になることが多く、教職員の対応に活かせるものもあるのでいくつかポイントをあげておく。

・対人緊張の緩和

学生がしばらく遠ざかっていたのであれば、指導教員との面談では相手の反応に敏感になることも多い。学生が緊張しているようならば、「緊張していますか？」と尋ねて話題にしたほうが良い。あまり人との関わりが少なければ緊張するのが自然だと指摘して、リラックスするように促す。

小中学校の不登校と同様に、休んでしまう＝普通でない、みんなに変に見られるのではないか、と考えて不安が高まることもよくあるので、不登校や留年自体はありふれたものであってこの躓きをプラスに変えることができることを指摘するとよい。

・学業や卒業への意欲の確認

　いずれのタイプでも退学を口にする学生は少なくない。学生がどのような理由で大学に来れなかったかを確認し，学業継続や卒業に対してどのくらいの意欲を持っているかを確かめる。指導教員としては，入学した以上は卒

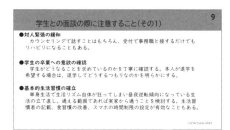

業してもらいたいというのが本音だろうがあまりそれを全面に出してしまうと学生は何も言えなくなってしまう。まずは学生の言い分に耳を傾けてみるのが良い。学生が家族に押されて自分の本音を語れないことも多いので，学生自身がどう思っているかに焦点を当てる。

　学生が退学したいという場合は，その後のプランを聞いておく。学生はとりあえず現状が嫌という気持ちに動かされて先のことを考えていない場合も多い。元々進学した後の予測が不十分だったために現在のような状況に陥っていることが多いので，将来についてあらかじめ考えておくことが重要だと伝え，時間をとることも重要である。家族と学生の意見が異なる場合には，家族と学生で十分に話し合ってもらうことを勧める。

・基本的生活習慣の確認

　特に大学入学とともに単身生活を始めた学生の場合，生活の乱れのために朝起きられず欠席することが不登校のきっかけとなる。学業継続のためには，昼夜逆転など生活の乱れを正していく必要がある。居酒屋等深夜帯のアルバイトでリズムが崩れることも多い。経済的なこともあるので，一方的にアルバイトをやめるように勧めることはできないが，学業に影響ないように変えられないかを検討するのもよいだろう。実家から通える範囲ならば遠距離通学になってもいったんは実家に戻ってそこから通うのが良いことが多い。寝過ごすことが多いようなら家族からのモーニング・コールなども現実的な方法である。インターネット，ゲーム，スマホによる SNS 視聴など学業の妨げになっている要因がないかを検討し，自己管理を促す。

・楽しみの確保

　学生に接する際にはどうしても説教的になってすべきことばかりをおしつけることになってしまうことが多い。前項とは矛盾するようだが物事を楽しむ余裕がどれほどあるかということだ。大学に来ていない時間何をしているかという問い

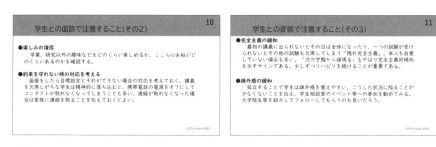

に対して，「何もしていない」と答える学生は多いが，多くの学生は動画サイトを見たりゲームをしたりしている。そしてその罪悪感が「（先生が認めてくれるような意義のあることは）何もしてません」という返答になる。本当に何もせず一日を無為に過ごしているなら精神疾患が疑われるが，健康な学生であっても環境によって何もできない状況に陥る場合もある。修学状況だけでなく学生個人に関心を向け，学生が学問以外に関心を持っていることを聞いたり，そういう話もできるような雰囲気を作っておくと話が広がりやすい。

・約束を守れない時の対応を考える

　このような学生の多くで問題になるのは回避性であるため，今回会えたとしても次回も必ず会えるかどうかはわからない。学生が約束した時間に現れず，コンタクトを試みるうちに時間が過ぎてしまうということはよく起こる。

　学生との面談では，次回来られなかった場合にどうするかを話し合っておくのが良い。例えば，面接に来なかったり，電話やメールへの返信がなかった場合にはご家族に連絡をするなどである。

・完全主義の緩和

　不登校でも，意外に真面目な学生も多い。本人が自覚せず完全主義的な傾向に陥っている場合がある。こうした学生は1限目に出られないとその日全ての講義を欠席してしまい，講義の単位を一つ落とすことが確定すると学校に来ること自体をやめてしまったりする。学生が高すぎる目標を設定するようなときは，まずはリハビリテーションが大切だということを強調したほうが良い。現実に少し頑張れば達成可能そうな目標を設定する練習をすることも有効である。

　「次の学期が始まったら全力で頑張る」というのも同様の完全主義傾向から派生するものであり，この方法がうまくいくことは極めて稀である。欠席期間が長ければ長いほど，学業生活に復帰するのにリハビリの時間が必要になる。単位は取れなくても出席しやすい講義に出てみるなどの慣らし行動を勧めてみるのもよい

だろう。

・疎外感の緩和

　こもりがちになると，一人だけ疎外されている気分になって自責的になりやすい。通常のルートからはずれる引け目を感じ，周囲からの視線を過度に気にする学生もいる。大学では留年はまれなものではないことを伝える。学内外で孤立し，対人関係を求めていれば，学生相談機関で行っているイベントやグループへの参加を促し，同様の立場に置かれている学生とふれあう機会を持つように勧めるのが良い。教員には話しにくいこともあるだろうから大学院生を紹介してフォローしてもらうこともよいだろう。

・相談機関の勧め方

　学生に相談機関の利用を勧めても，学生は拒否的であったり，その場では行くといって実際には行かないということがしばしばある。拒否的であっても，タイミングによっては誘いに乗る場合もあるので，「しつこくならないくらいに機会をみて勧める」ことを推奨する。学生が助けを借りなくても自分の力でできると強く主張する場合は，「では今期はあなたのいうとおりにやってみましょう。でも今期うまくいかなかったらその時は相談してみようよ」というふうに約束しておくとよいだろう。

　本人が相談機関を利用する場合は，可能であれば学生に同伴して状況をカウンセラーに伝え，状況によって途中で退席するのがよいだろう。

▌3．家族への対応

　単身生活をしている学生が危機的な状況にあるときに保護するのは家族の役割である。家族から連絡がつかないので様子を見に行ってほしいなどと依頼されることもあるが，基本的にはこうした役割を担うのは家族であることを伝えるのが原則である。ただし生命に関わるような事態や，家族がどうしても学生のもとに迎えない特別の事情がある場合は例外である。ただし，このような状況はなるべく早く解消しないと対応する教職員の燃え尽きにつながりかねない。判断に迷う場合は学内相談機関に相談して連携して学生を支えるのがよい。

　家族の中には「もう大学生なのだか

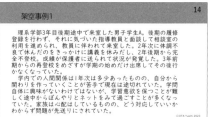

ら本人に任せたほうがいいのでは」と考える人も多いが，学生の回避性と重なって問題が先送りにされることが多い。家族の関わりが重要であることを伝え，学生自身が相談にいかない場合は家族が相談機関にコンタクトをとることを勧める。

Ⅲ　架空事例（スライド 13 ～ 20）

▌架空事例 1：単位不良で履修登録をしなかった A

　理系学部 3 年目後期途中で来室した男子学生 A。後期の履修登録を行わず，それに気づいた指導教員と面談して相談室の利用を勧められ，教員に伴われて来室した。2 年次に体調不良で休んだのをきっかけに講義を休みだし，2 年後期から完全不登校。成績が保護者に送られて状況が発覚した。3 年前期からの再登校をめざすが学期の始めだけ出席してその後行かなくなっていた。

　学内での人間関係は 1 年次は多少あったものの，自分から関わりを作っていくことが苦手で現在は途切れていた。学問自体に興味がないわけではないが，学習意欲を保つことが難しく途中からぼんやりとネットをみて過ごすことが多くなっていた。家族は心配はしているものの，どう対応していいかわからず問題が先送りにされていた。

　今後どうしたいかを尋ねると，A はとりあえず卒業したいと言った。履修登録をしていなかったことを親に話していなかったので，まずそのことを家族に話すように伝える。いつ伝えるかは A に選んでもらい，次回の面接までにと約束を行

う。また次回の面接に来れずに連絡が
つかなかった場合はカウンセラー（以
下 Co と略記）が家族に連絡して状況
を伝えるという約束をした。翌週，無
事にAは面接に現れ，家族に話すこと
ができたと報告した。家族から電話が
Co に入ったため，本人の許可のもとに

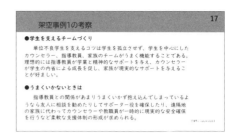

状況を説明し面接に来れなくなった時には連絡することにする。精神疾患の可能
性を心配する家族に対して，とりあえず現状では通院の必要はないと判断してい
ることを伝えた。

　Aは来学期から頑張るつもりと話していたが，リハビリのために単位にならな
くても Co の開講する講義に出席することを勧めた。直前の面接では他の学生の
ことが気になると話していたが，徐々に緊張も和らぎ出席を継続することができ
た。カウンセリングに加えて，週1回同じような状況の学生を対象に行っている
おしゃべりグループへの参加を促す。講義同様初めて参加したときは緊張したが，
雰囲気に慣れるとグループの中心的なメンバーとなった。

　4年目の前期が始まり，指導教員とも相談して前期は履修数を抑えてともかく
完走することを目標にする。途中一度面接を欠席し電話にも出ないことがあり，
Co から家族に連絡をした。家族が本人に連絡を取って，Aから講義を寝過ごして
しまって気分が落ち込んでいたと欠席を詫びる電話があった。Coはリカバーでき
たAの対応を労った。

　無事に試験を受けることができ，試験で1つ単位を落としたものの残りの単位
は取得することができた。その後多少の浮き沈みはあったものの，順調に単位を
取得することができ卒業へとつながった。

事例1：対応のポイント

　単位不良学生を支えるコツは学生を孤立させず，学生を中心にしたカウンセラ
ー，指導教員，家族のチームがうまく機能することである。理想的には指導教員
が学業と精神的なサポートを与え，カウンセラーが学生の内省による成長を促し，
家族が現実的なサポートを与えることが好ましい。実際問題はそうはうまくいか
ない場合も多いので，例えば指導教員との関係があまりうまくいかず抱え込んで
しまっているようなら友人に相談を勧めたりしてサポーター役を確保したり，遠
隔地の家族に代わってカウンセラーや教職員が一時的に現実的な安全確保を行う
など柔軟な支援体制の形成が求められる。

架空事例 2：研究室で自信をなくした B

　理系男子大学院生 B は厳しいことで有名な研究室に自ら望んで所属し大学院進学も決めた。しかし，他の研究室メンバーとの研究成果やプレゼン力の差を見せつけられる。卒論はなんとか提出したものの，意気消沈した。大学院入学直後，さらに高い精度を求められることに自信をなくし，体調を崩したことをきっかけに研究室を休み始める。指導教員からのメールに返答しなかったために家族に連絡が行き，ようやく研究室に B は顔を出した。B の憔悴した様子をみた指導教員は心配して学生相談室に連れてきた。不眠傾向があったため学校医の精神科医を紹介し，軽い安定剤と睡眠導入剤を処方してもらった。

　面接の中では本人が求めていた研究の高い水準に達することができない悔しさと，探索的な研究が自分には向いていないという気づきが語られた。もともと目指していた専門性を生かした進路は断念し，研究テーマとはやや異なる専門への就職に方針を転換した。指導教員も学生の状況に合わせた目標の再設定を行い，支持的に関わった。

　カウンセリング場面で Co がストレス発散の方法を尋ねると，B は旅行が趣味だったが研究室に所属になってからは行くことができず今はあまり趣味もないと答えた。何らかの発散方法がないと研究活動の重圧には耐えられないのではと指摘すると，旅先の温泉でリラックスしたエピソードが語られたので，週末に近所のスーパー銭湯に行ってみることを勧めた。

　週末の銭湯通いは少し気分転換になったようで，少しずつ自分のペースで研究を続けられるようになった。学校推薦で就職も決まり，追い込みの時期は一時的に不安定になったが無事に修論を提出して卒業していった。

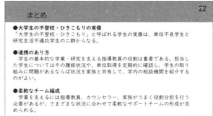

事例2：対応のポイント

　教員の要求水準は基本的に高いことが多いので，口には出さなくても指導学生には負担になっている可能性があることもある。現実的で達成可能な目標設定が重要である。実際に大学院ともなればある程度結果が求められる場ともなり，学生にも適度な休息やストレス発散が必要になる。指導教員との関係がうまくいかない場合は，学生は問題を抱えこまず第三者との間で客観的に自分の状況を捉えることができる機会を持つことが有効な場合も多い。

IV　まとめ（スライド21，22）

　「大学生の不登校・ひきこもり」と呼ばれる学生の実像は，単位不良学生と研究不適応学生の二群からなる。

　学生の基本的な学業・研究を支える指導教員の役割は重要である。担当した学生についてはその履修状況や，単位取得を定期的に確認し，学生の取り組みに問題があるならば状況を家族と共有して，学内の相談機関を紹介するのがよい。学業を支えるには指導教員，カウンセラー，家族がうまく役割分担を行う必要があるが，さまざまな状況に合わせて柔軟なサポートチームの形成が求められる。

　　文　　　献

笠原嘉（1973）現代の神経症―神経症性 apathy（仮称）について．臨床精神医学，**2**(2); 153-162.

文部科学省（2018）平成30年度　学校基本調査．https://warp.ndl.go.jp/info:ndljp/pid/11293659/www.mext.go.jp/component/b_menu/other/__icsFiles/afieldfile/2018/12/25/1407449_3.pdf（2023年1月14日閲覧）

斎藤環（1998）社会的ひきこもり―終わらない思春期．PHP研究所.

Walters Jr., P. A. (1961) Student Apathy. In: Blame Jr., G. B. & McArthur, C. C. (Eds.): *Emotional Problems of the Students.* Appleton-Century-Crofts, pp.129-147.

第 10 章
家庭の諸問題

吉村麻奈美

Ⅰ　はじめに（スライド2）

　大学生とは発達上は大人への移行期であり，成人の年齢でありながらも，多くは親もしくは親役割の人の扶養のもと生活している。また，それまでの親との関係性，そして現在の家族からの影響を色濃く受けている。プライベートな領域であるから，家庭や家族の話ははじめから出てこないことが多いが，生じている問題の根幹と関わる場合は少なくない。したがって，出会った学生を理解するうえで，家庭に関する情報は重要である。本章では特に，経済問題，家族やきょうだいとの関係，また，近年注目され始めたヤングケアラーについて取り上げる。

Ⅱ　経済問題（スライド3）

　これまで学生相談の領域において，経済の問題について触れられることはあまりなかった。しかしながら，来談する学生にとって経済問題は，ときに重要なファクターとなる。

1．大学生を持つ家庭の経済状況（スライド4）

　収入格差や非正規雇用等による若者の貧困問題が，1990 年代終盤から取り上げられるようになった。多くの大学生は就職を目の前にして，進路の不安に苛ま

れる。一方で，大学在学中に経済的困難に陥る学生もいる。実家の家計にゆとりがなく，自分も学費を支払っているという学生が一定数おり，その状況が学生生活に影響を及ぼしていることがある。

　日本の大学の学費は，世界的に見ても高額だ。税の仕組みが異なることもあるが，たとえば，北欧の大学では，授業料はかからない。対して，日本の私立大学の授業料は年間おおむね 90 万円である。国立大学の授業料は安いと言われるが，それでも年間 535,800 円（標準額）であり，これを安いとみなすかどうかは，意見が分かれるところだろう。加えて，下宿代や生活費もかかる。日本学生支援機構による令和 2 （2020）年度の「学生生活調査」を参照すると，下宿代・生活費・学費の 1 年間にかかる総額は，私立大学で一人暮らしをする学生でおおむね 241 万円ほど，つまり 4 年で 1000 万円近くとなる。これが家計を圧迫する。大学進学率が上昇し，進学は当然というような空気もあるが，家庭の方は学費の高騰，経済不況等で収入がおいつかないなど，逆風が吹いている。たとえば奨学金は就学がその本来の目的であるはずだが，一部に，奨学金を家族と共有し，家計の足しにしているケースがあるという。

　家庭の経済状況が悪化したことで不調に転じる学生，逆に，家計にゆとりが出ることで回復する例などもある。住環境の変化，すなわち，自室がないことが不調の一因であった学生が，改築し自室ができることにより改善するような例もあれば，遺産相続に巻き込まれ，親以上に疲弊してしまうケースもある。経済状況と家族関係は密接な間柄にあり，学生生活に背景要因として影響を及ぼしうるものといえる。

▌2．奨学金などの情報（スライド 5）

　奨学金を利用する学生は年々増加し，現在は半数近くの学生が奨学金を利用している（日本学生支援機構による令和 2 年度「学生生活調査」より）。奨学金利用についてはさまざまな意見がみられ，近年では奨学金裁判も生じるようになった。学費の高いアメリカ等は給付型が多いが，日本では貸与型が中心だ。すなわ

表1 奨学金・生活困窮に関する情報

日本学生支援機構	給付奨学金（返済不要），貸与奨学金（返済必要），海外留学のための給付奨学金（返済不要），海外留学のための貸与奨学金（返済必要）などがある。
あしなが育英会奨学金	病気や災害，自死（自殺）などで親を亡くした子どもたちや，親が重度後遺障がいで働けない家庭が対象。
各大学の奨学金情報	自分の大学での担当窓口がどこかを確認しておくと良いだろう。筆者の勤める津田塾大学では，学生生活課が奨学金の相談や申請の窓口となる。大学独自のものだけでも多様であり，加えて，日本学生支援機構から地方・民間等の奨学金まで情報を有していて学生に合ったものを案内できる。
生活保護等	家族も含めて使えるかもしれない制度として，生活保護，障害年金，住居確保給付金などがある。以下は参考情報である。 日本弁護士連合会「あなたも使える生活保護」 生活保護の相談申請・生活困窮の相談：厚生労働省「福祉事務所一覧」 生活困窮に関する相談：「自立相談支援機関　全国相談窓口一覧」

ち，数百万円の奨学金を卒業と同時に背負うこととなり，奨学金を利用したために若者が貧困化する，という悪循環が起きることがある。

2018年，日本学生支援機構では，初めて国の予算で行われる給付型奨学金を導入した。住民税非課税世帯・生活保護世帯の人，社会的養護を必要とする人（18歳時点で児童養護施設等に入所している生徒または里親等に養育されている生徒）が申し込み資格を持つ。経済状況の苦しい家庭にいる，あるいは在学中に経済状況が変化した学生は，なるべく正確で多様な情報を得た上で，自分に合う奨学金を選べると良いだろう。表1に，関連情報を記載する。

3．金銭管理，アルバイト，メンタルヘルスの関連（スライド6，7）

金銭管理スキルが育っていないために，お金がなくなる大学生もいる。鈴木（2016）によれば，お金の問題は「出ていくお金が（収入より）大きい」という問題と「入ってくるお金が少ない」という問題の2つにまとめられるという。ゆえに，まずは収入と支出を「見える化」すると良いのだそうだ。

大学生が収支のバランスを崩す背景には，たとえば，パチンコ・スロット・競馬などのギャンブル，友人や恋人との交際費，サークルにかかるお金，服や化粧品にかかるお金，スマホなどの通信費，ゲームへの課金，アイドルへの投資などがあるかもしれない。これらを「見える化」し，支出が多い場合には，項目を見

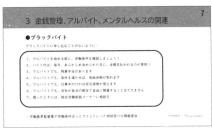

直す。出費が多すぎる背景に，ストレスからくる依存行為がある場合もある。摂食障害の学生が，食費がかかりすぎてお金がなくなってしまうこと，ひどい時には万引きに繋がってしまうこともある（ただし，金銭に余裕があっても万引きに至る場合もある）。

　学費や生活費を賄うため，アルバイトを長時間行っている学生も見かける。そうすると学修に十分な時間をあてられないのみならず，疲労が取れず授業に来られなくなったり，果ては体を壊したりうつ状態になるなど，否定的影響が大きい場合もあるので，注意が必要だ。アルバイトのしすぎは，アサーションの苦手な学生が依頼を断りきれずに陥ってしまうこともある。そのような場合には，相談に乗りながらスケジュールを再考したり，一緒に断り方を考えてもいいかもしれない。

　頻繁にではないが，ブラックバイトの問題も生じうる。ブラックバイトとは，学生生活に支障をきたすような働かせ方をするアルバイトのことであり，学生らしい生活を送れなくなってしまう危険をはらむ。気づかず従事することのないように，申し込む前に，諸条件をしっかりと確認しておくことが重要である。厚生労働省では，以下のように案内している。

①アルバイトを始める前に，労働条件を確認しましょう！
②バイト代は，毎月，あらかじめ決められた日に，全額支払われるのが原則！
③アルバイトでも，残業手当があります
④アルバイトでも，条件を満たせば，有給休暇が取れます
⑤アルバイトでも，仕事中のけがは労災保険が使えます
⑥アルバイトでも，会社が自分の都合で自由に解雇することはできません
⑦困ったときには，総合労働相談コーナーに相談を

　もしもブラックバイトにはまってしまい抜けられなくなっている学生を見たら，その気持ちを聞きつつ，自力で辞められないような状況であれば，労働条件

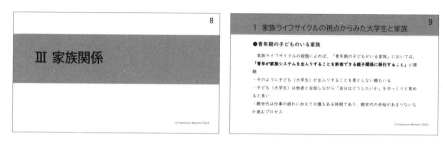

相談ほっとラインや労働局・労働基準監督署（の中の総合労働相談コーナー）と
いった相談窓口の情報提供を行う，という方法もある。

　ほか，高額収入を得るためのノウハウなどと称して販売されている情報商材や，
暗号資産（仮想通貨）の金銭トラブルも，近年増加傾向にある。これらの相談先
としては，消費生活センターなどがある。

Ⅲ　家族関係（スライド8）

　かつての学生相談においては，親との関わりは学生の成長を妨げるものとして
忌避されていた。しかしながら近年は親が大学への関与を強める流れもあり，ま
た，親や保護者の協力を得ることが有効な場合もあり，家族という観点はよりい
っそう大事なものとなってきている。

1．家族ライフサイクルの視点からみた大学生と家族（スライド9）

　家族ライフサイクルとは，家族の発達過程に注目する考え方である。マクゴー
ルドリックら（McGoldrick, Carter & Gercia-Petro, 2011）が示した家族ライフ
サイクルの段階によれば，大学生に相当する「青年期の子どもがいる家族」にお
いては，「青年がシステムを出入りすることを許容できる親子関係に移行するこ
と」が課題となっている。ここでいうシステムとは家族システムのことを指し，
家族を一つのまとまりとして見る捉え方だ。この時期，子どもが家族から離れて
外の世界にいることを家族は許容し，そこで子どもは自由に活動し，ときには家
族集団に戻り，必要に応じて家族は堅固なつながりを提供する。そんなふうに青
年が家族システムを行ったり来たりし，家族と外の世界を隔てる境界が柔軟にな
る，という移行期のあり方を示している。

　しかし，上述の課題が達成しにくい家族は，危機となることがある。たとえば，
そのように子どもが家族と外とを出入りすることを是としない親もおり，時折，
小中学生の時と同様に大学生に厳しいルールを課している家庭の話を聞くことが

ある。そのような学生は，他者と会話しながら「自分はどうしたいか」をゆっくりと育めると良いのではないだろうか。親世代はおおむね 40 代〜 60 代で，仕事の疲れに加えてさらなる上の世代の介護も覆いかぶさる時期であり，親世代の余裕があまりないなか進むプロセスでもある。

　独立のプロセスはさまざまで，親離れの過程でもあり，同時に親の子離れの過程でもある。双方に葛藤がつきもので，行きつ戻りつ進む。もしも学生からそのような話が出てきたら，聴き手も焦らず，学生の力の蓄えを待つことも大切かもしれない。

2．今日の大学生の親子関係（スライド 10）

　とはいえ，今日の家族は多様化しているし，また，今日の大学生と家族，というものは，かつてのそれとはだいぶ変容している。大学生の家族支援もまた変化を見せている。その端緒のひとつは 2000 年前後，ひきこもりの青年が起こした事件の影響で，ひきこもり学生への支援に家族を巻き込むというものであった。少子化や核家族化により，大学生の親は子離れしにくく，以前よりも低年齢の親子関係のような様相となってきている。

　入学者の争奪が激化している現代の大学において，家族は学生への影響力が強く，かつてよりもずっと存在感が大きくなった。ゆえに，家族も顧客と捉え，親向けのガイダンスや親へのサポートグループなどのサービスを追加する大学が増えている。説明責任のため，成績通知を親に行う大学も少なくない。教務課などの各部局においても，学生本人からの質問や意見を親が肩代わりしてくるケースが増加傾向にある。このように，今日の大学生の親子関係はかつてのそれよりも心理的に近いものとなり，そのことと学生の未熟化，耐性の低下などは（鶏と卵のように）関連しているのだろう。

　学生相談でも，親が先に登場するケース，親と本人が一緒にやってくるケース，本人への支援のために親を呼ぶケースが，近年増加している。筆者の印象では，その中でも親が先に登場する事例が増えたが，このような場合，学生本人にとって「連れて行かれるところ」という構造にならぬようにと意識している。本人が自発的に相談に来てくれるのであれば，その上で，家族をサポート資源として頼りにできる。発達障害のケースでは特に，親のサポートが有用であることが少なくない。

3．家族療法の視点と技法の援用（スライド 11）

　家族療法とは，家族をひとつの単位とみなす考え方のもとに構築された心理療

法で，その多くは2名以上のカウンセラーが関わり，複数の家族メンバーと行う
スタイルが多い（異なる場合もある）。ゆえに，大学での学生支援からは縁遠いも
ののように感じるかもしれないが，学生相談でも狭義の家族療法，すなわち会う
のは学生一人でも，その背後にある家族力動について思いを巡らせるようなとき，
家族療法の視点や技法は役に立つ。本稿は多様な大学構成員が読むと想定し，家
族について考える場合，参考にできる家族療法の考え方を紹介する。

①円環的因果律（円環的認識論）

我々が物事を捉えるときに比較的用いやすいのが「原因があるから結果がある」
という，直線的因果律である。一方，要素が複数あり，ある原因である結果が生
じたら，その結果は別な何かの原因となる，というように，要素が循環するよう
な捉え方を円環的因果律という。つまり，原因と結果の単純構造ではない，相互
作用を組み込んだ考え方だ。人間関係に関しては，円環的因果律の方が物事をよ
く説明することがある。

②家族の歴史と自己分化

家族の歴史，すなわち上の世代から伝達されたものや，家族の中で展開されて
きたパターンなどを捉えていくと，理解が深まる場合がある。自己分化とは個人
における知性と感情のバランスのことを指し，自己分化度が高いほど健康的とさ
れる。そのバランスは，家族から個人が分化する過程と密接に関連する。分化度
が低ければ，他者と融合しやすく，感情的になりやすい。

③リフレーミング

家族療法の技法の一つ。フレームとは枠付け（枠組み）であり，否定的に話さ
れた事象に対し，肯定的に再枠付けをするというもの。たとえば親が「うちの子
は本当にわがままで」と言うのに対し，「お子さんはご自分の意思が明確なんです
ね」と応答する。考えを押し付けるのではなく，家族以外の第三者がぼそりと言

ったことにより，新たな意味付けがさりげなく提供されるようなやり方である。

　家族療法の考え方とは，家族の中に問題を見つけるものではなく，家族の力を問題解決に使うという発想であり，時には目の前の学生を理解・支援する手がかりになることがある。

　もしも親も同席しての面談を行う場合には，あくまで中心は学生であることに留意されたい。たとえば筆者は，親との三者面談を行うことになった場合，事前に学生本人と何を話すか検討する機会を設けるようにしている。親が心配して学生を連れてくるような時も，できる限り学生の意思を尊重し優先する。具体的には，一人で会うか親も同席するかについて，開始前に（親ではなく）学生に希望を聞く，などである。

IV　きょうだい関係（スライド 12）

　きょうだいとは，年齢の上下や性別による区別をしない言葉として用いられている。親子関係と同様，きょうだい関係も対人関係の基盤を形成し，学生生活にもさまざまに影響を与えることがある。

1．きょうだい間での葛藤（スライド 13）

　きょうだいとの比較による劣等感，あるいは重い負荷を感じている学生に出会うことは少なくない。特に大学生は，大学受験の過程でその扱いの差が歴然となることがある。上のきょうだいが優秀であれば，偏差値等の比較が生じてしまい，劣等感につながる。その劣等感を克服するために初年度に頑張りすぎて，うつ状態になるような場合もある。逆にきょうだいが親の期待に添えないため，自分が親の期待を一身に背負っているという例もある。就職活動期もまた，期待と比較が顕在化する時期である。

　長子が「お兄ちゃん（お姉ちゃん）だから」と，それらしき振る舞いを親から

求められ，我慢につながっていたことが，長きにわたり影響を及ぼす場合もある。頼りになる，面倒を見てもらえる，一番の話し相手，など，良い影響もありえるが，両価的な側面があればあるほど，きょうだいはその葛藤を他者に語りづらくなる存在であるだろう。

双子の場合，とりわけ強い信頼関係がある場合もあれば，その育てられ方（どちらかが姉・兄の扱いをされるなど）によって微妙な葛藤がその間に存在する場合もある。一卵性か二卵性かによっても状況が異なることがある。

┃ 2．発達障害のきょうだい（スライド 14）

近頃は「きょうだいが発達障害」という話を，以前よりも聞くようになった。きょうだいが重篤な自閉スペクトラム症等である場合，そちらが両親のケアの中心的対象になることは自然に生じうる。自分もきょうだいのケアに参加せざるを得ないとか，あるいは疲弊した母親の愚痴を聞く役割になって，自分ばかりが我慢をする，というような境遇となることがある。その場合，不平等感を感じるものの，先天的な障害に対し誰を恨むでもなく，やり場のない不満を抱え続けることになる。

ちょうど大学生は，就職し自立の選択をする時期でもある。このとき，きょうだいの世話をする役割を担うために実家を出ることを親が反対したり，あるいは本人が罪悪感を持ってしまうために「自分がやりたいこと」を逡巡する例は少なくない。親がいなくなったら誰がそのきょうだいの面倒を見るのだろう，と思うわけである。結婚を考えている相手に，きょうだいの存在や自分のこれからをどのように伝えるか，迷ってしまうこともある。

いずれも当事者同士ではなかなか口にできないために，正直な気持ちを話しやすい第三者である大人に打ち明け，自分の気持ちを見つめる機会があると良いかもしれない。SNS を使った情報発信やつながりを持つ，という方法もある。

そのような場の例：

　Sibkoto シブコト｜障害者のきょうだい（兄弟姉妹）のためのサイト.
　　https://sibkoto.org/siblings

　全国きょうだいの会（全国障害者とともに歩む兄弟姉妹の会）https://kyoudaikai.com

V　ヤングケアラー（スライド15）

　ヤングケアラーの実態調査や支援の対象は18歳未満であり，大学生はその中心ではない。が，大学生のなかには「元ヤングケアラー」あるいは「ずっとヤングケアラーをしている人」がいて，話をしていると，しばしば家族へのケアが彼らの生活を相当程度圧迫しているような印象を受けることがある。あるいは，自己を後回しにせざるを得なかったような過去の経験により，現在の自己肯定感に影響のある人もいる。

▎1．ヤングケアラーにまつわる動き（スライド16）

　ヤングケアラーとは，1990年代にイギリスで広まった概念である。実態調査を通し，今後も子どもがケア役割を担わざるを得ない状況は続くだろうことが報告された。日本でも同様の傾向はあり，2014年頃からメディアに取り上げられ，認知度が高まっている。

　法定上の定義はないが，本来大人が担うと想定される家事や家族の世話などを日常的に行なっている18歳未満の子どもや若者，とされている。厚生労働省のまとめを参照すると，その「世話」の内容は，表2の通りである。

　ヤングケアラーの出現は，社会の変化によってもたらされたものだ。介護の需要が増える一方で担い手は減少し，女性の社会進出により専業主婦が減った。家族が多様化し，ひとり親の家庭も増えていて，ひとり親は常に複数の役割を背負うこととなる。つまりこれは，教育や福祉，行政などさまざまな領域にまたがる問題である。

▎2．ヤングケアラーの現状と問題（スライド17）

　令和2（2020）年度の厚生労働省の調査では，調査に参加した中学校の46.6％，全日制高校の49.8％にヤングケアラーが「いる」という結果であった。た

表2　ヤングケアラーが行なっているケアの内容

障がいや病気のある家族に代わり，買い物・料理・掃除・洗濯などの家事をしている
家族に代わり，幼いきょうだいの世話をしている
障がいや病気のあるきょうだいの世話や見守りをしている
目を離せない家族の見守りや声かけなどの気づかいをしている
日本語が第一言語でない家族や障がいのある家族のために通訳をしている
家計を支えるために労働をして，障がいや病気のある家族を助けている
アルコール・薬物・ギャンブル問題を抱える家族に対応している
がん・難病・精神疾患など慢性的な病気の家族の看病をしている
障がいや病気のある家族の身の回りの世話をしている
障がいや病気のある家族の入浴やトイレの介助をしている

ヤングケアラー特設ホームページ（厚生労働省）より

だし，同じ家庭でもケア役割を中心的に担う人がいるなら，他のきょうだいはヤングケアラーにならない場合もある。

　数々の経験からスキルを得ることもあるものの，自身がサポートを得られないまま長年たてば，さまざまな支障が出てくる。支障とは，自分らしい行動を取りにくくなる，自分の力を発揮しにくくなる，「こうしたい」「これをやりたい」が考えにくくなる，なども含まれる。学業への影響，就職への影響，友人関係への影響，疲労感・孤独感やストレスを感じることもある。澁谷（2022）によれば，高校生のヤングケアラーが受ける感情面での影響は，表3のような経路を辿るようだ。

　どのプロセスにおいても，さまざまな否定的感情を体験するであろうことが読み取れる。

▍3．ヤングケアラーの大学生（スライド18）

　少子高齢化が進むにつれ，ヤングケアラーの数は増加していくことだろう。そして大学生におけるヤングケアラー・元ヤングケアラーも，増加するに違いない。日本ケアラー連盟では，18歳以上，30歳代くらいまでのケアラーのことを「若者ケアラー」と呼んでいる。この世代には，進学や就職，キャリア形成，仕事と介護の両立，人生設計など，世代固有の課題がある。学生生活と進路選択に，特

表3　ヤングケアラーが受ける感情面での影響

	概　　要	具　体　例
1	自分の精神面への影響	ケアについて話せる人がいなくて孤独を感じる，ストレスを感じる
2	自分個人で使う時間への影響	自分の時間が取れない，勉強の時間が充分に取れない
3	友人との関係や体調への影響	友人と遊ぶことができない，睡眠不足，体がだるい
4	学校生活の対面を保つことへの影響	成績が落ちた，部活ができない，学校への遅刻が多い，アルバイトができない，しっかり食べていない，授業に集中できない
5	学校でのコミュニケーションへの影響	周囲の人と会話や話題が合わない
6	学校に行くことや将来への影響	学校を休みがちになっている，進路についてしっかり考える余裕がない，受験の準備ができていない

澁谷（2022）より（筆者による一部改変を含む）

に集中するのが大学生のケアラーだろう。その実態も異なり，ずっとケアを継続している場合，18歳を越えてからケアがはじまる場合，ケア責任がより重くなる場合などがある。

『ヤングケアラー─介護する子どもたち』（2021）にて取材された大学生は，小学6年生から大学卒業まで一人で認知症の祖母の介護を続けていた。介護が重要な仕事であり自分の居場所となっていること，中学でも高校でも友人と遊ぶことのできない生活，学校にいる時でも延々と鳴る携帯電話……祖母が亡くなるまで，介護を軸とした生活がそこにあった。進路も，介護の経験を活かしたものだった。

そのような状況を，本人も家族も当たり前と思っていることは少なくない。あるいは，親が病気等であることを知られたくない，話しても解決しないだろうという気持ちが強く，誰にも言えない。そのため，周囲は知る機会がないことも多い。

埼玉県の調査では，ケアを担う高校生たちにとってあったら良いと思われるサポート（当事者への質問で，10％以上あったもの）は，

・家族の症状が悪化するなど困った時に相談できるスタッフや場所
・信頼して見守ってくれる大人がいること
・学校で宿題や勉強をサポートしてくれること
・自分がケアをしている相手の病気や障害についてわかりやすく説明してもらえること
・自分の自由になる時間が増えるようなサポート

・自分の将来のことを相談できる場があること

　であった。これらは，大学生の若者ケアラーにも共通するのではないだろうか。「話したくなったら話して大丈夫」ということが伝わるよう，周囲の大人が「いつでも聞くよ」というメッセージを出し続けること，また，知られたくない気持ちが彼らにあるかもしれないことを念頭に置きながら聴くことなども，重要であるだろう。

VI　その他（スライド19）

　既述のように家庭に関する話題は重要ではあるが，私的すぎるが故に時に不安を惹起する領域でもあり，こちらから尋ねることが侵襲的な場合は少なくない。その他，家庭における諸問題というと，虐待やDVなども挙げられるだろう。ひきこもりや摂食障害なども，特に家族との関わりが深いものといわれているが，字数の都合上詳細は割愛する。

　　文　　献
McGoldrick, M., Carter, B. & Preto, N. G. (2011) *The Expanded Family Life Cycle: Individual, Family, and Social Perspectives, Fourth Edition.* Allyn and Bacon.
毎日新聞取材班（2021）ヤングケアラー──介護する子どもたち．毎日新聞出版．
澁谷智子（2022）ヤングケアラーってなんだろう．筑摩書房．
鈴木晶子（2016）誰にも頼れないし，お金もない．In：松本俊彦編：大学生のためのメンタルヘルスガイド．大月書店，pp.26-39.
厚生労働省：アルバイトを始める前に知っておきたいポイント．https://www.check-roudou.mhlw.go.jp/parttime/（2022年11月1日閲覧）
厚生労働省：ヤングケアラー特設ホームページ．https://www.mhlw.go.jp/young-carer/（2022年11月1日閲覧）
日本学生支援機構：令和2年度「学生生活調査」．https://www.jasso.go.jp/statistics/gakusei_chosa/2020.html（2022年11月1日閲覧）

第 11 章
学生相談室の紹介

山川裕樹

Ⅰ　はじめに──「学生相談室」って何？（スライド２〜４）

　多くの大学には，「学生相談室」がある。もちろん大学によっては「学生相談所」と名乗っていたり「保健管理センター」内にあったりするが，「個別相談を中心としたさまざまな活動を通して，大学生の大学への適応と成長を支援する場所」として「学生相談室」が存在している。簡単に言うと，中学校や高校にあった「スクールカウンセリング」の大学バージョン，と説明するのが一番分かりやすいだろうか。（→スライド２）

　さて，「学生相談室」をネットで検索したことがある人はいるだろうか。近頃の検索エンジンは１つ検索キーワードを入れると，「関連キーワード」を自主的に示してくれる。そこでは次のようなものが表示される。

　「学生相談室　行きにくい」「学生相談室　行ってみた」*

　関連キーワードは，多くの人の検索結果やウェブ記事などを元に作成されているのだろうから，このことが示すのは，学生相談室は多くの学生さんの素直な感覚として「行きにくい」場所であり，わざわざ「行ってみた」と感想を書きたくなる場所，ということなのかもしれない。

　では，「学生相談室　行きにくい」の結果を見ると，どんなものが出てくるだろう。検索のタイミングで変わるようだが，大学やカウンセラーサイドから以外で目立つのは，『Yahoo! 知恵袋』にての書き込みだ。「学生相談室に行こうか迷っています」「経験した人の意見が聞きたいです」など，少なくない人が，学生相談室に行こうかどうか躊躇し，その迷いをネットの人に尋ねている。それに対しては，「無料だし行ってみてはどうでしょう？」「プロの臨床心理士がいるので，どんな相談にも対応できると思いますよ」という客観的な意見から，「実際に行ってみて，安心して大学に通えるようになりました」「心理検査を受けて，そこからア

---

*　Google にて，「学生相談室」を検索ワードとして入れた結果（2022 年 10 月 21 日）。

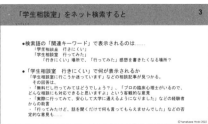

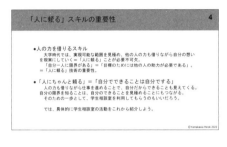

ドバイスももらえてよかったです」という経験者からの助言もあるし、「行ってみたけど、話を聞くだけで何も言ってもらえませんでした」「自分のことを話して余計ウツになりそうです」などの否定的な意見ももちろんある。（→スライド3）

　「大学生にもなって、人に相談するなんて恥ずかしい……」と思っている人もいるかもしれない。でも、当たり前だが私たちはなんでも一人でできるわけではない。もちろん自分でやるべきこともあるが、できないこともある。「人に頼る」ことは、大学生のうちに身につけておいてほしいスキルだと筆者は考えている。森見登美彦の『四畳半神話大系』（2005）は、バラ色のキャンパスライフを夢見て入学した大学生がパッとしない生活を送る姿を描いた小説だが、社会に出る前の最後のポイントである大学（院）は、これまで見ていた「夢」が「現実」に出会っていく時期でもある。高校生まではあんなことこんなことできたらいいな、と思いながら過ごしていても、大学生になると実現可能なことには限界があると気付く。自分一人に限界があることは、目標に近付くためには他の人の助力が必要であることと表裏一体である。そのためにも私たちは、「人に頼る」技術が必要だ。人の力も借りながら仕事を進めることで、自分だからこそできることも見えてくる。「人にちゃんと頼る」＝「自分でできることは自分でする」。そのための一歩として、学生相談室を利用してもらうのもいいと思う。（→スライド3）

　では、これから、「スクールカウンセリングの大学バージョン」である学生相談室について、詳しく紹介していこう（なお本章は、「学生相談室を紹介する際に提示した方がいいトピックを一般論で示す」スタイルを取っている。実際にスライドを学生向けに使うときには、例えば次節での「学生相談室の望ましい立地」の箇所は「本学の学生相談室の所在地」を示すなど、大学の固有性に合わせて適宜修正していただきたい）。

II　学生相談室のキホン

1．キホンその1──大学のどこにあって，どんな人がいるの？ （スライド5〜7）

　大学の9割以上に学生相談室が設置されているとのデータがあるが（杉江ら，2022），実態は大学によってまちまちである。大きな大学では，専任のカウンセラーが複数名いて，個別相談に留まらずいろいろな活動を行っていることが多いが，小さな大学では非常勤カウンセラーが週に数日来ているだけのこともある。大きな大学でも専任カウンセラーがいない場合もあるが，それぞれの大学が学生相談室スタッフの個性を活かし，大学生の皆さんが，いい大学生活を送り，そこで成長していけるよう支援をしている。

　学生相談室は，利用しやすいがプライバシーに配慮した場所にあるのが望ましいとされている（日本学生相談学会，2013）。各大学がいろいろな工夫を行い，アクセスのしやすさとプライバシーの両立を目指している。複数キャンパスのある大学では，すべてのキャンパスにある場合も，中心地のキャンパスにしか相談室がない場合もある。

　スタッフは，臨床心理士の資格を持った人が多く，日本学生相談学会認定の「大学カウンセラー」資格を合わせて取得している人もいる。また公認心理師，看護師や精神保健福祉士，あるいは医師資格を持った人も学生相談に従事している。小規模な大学や短大，地方の大学では，大学の学生部の職員，または学部の（心理職以外の）教員が学生相談を担当していることもある。

　最近では大学のウェブサイト内に学

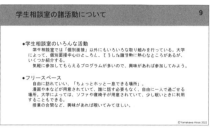

生相談室が専用のサイトをもっている場合も多く，キャンパス内の所在地，スタッフ，開室時間やイベントの案内などが掲載されている。空き状況がウェブで分かり，その場で予約できる大学もある。Twitterアカウントをもっている相談室も増えている。

2．キホンその2──いろんな活動（スライド8〜13）

　学生相談室の活動のメインは「個別相談」なのだけれど，確かに敷居が高く「行きにくい」ものである。だからここでは，学生の皆さんにアクセスしやすい学生相談室のいろんな活動からご紹介したい。小規模な大学などでは個別面接のみである場合もあるが，多くの大学が個別相談だけに留まらずいろいろな活動を展開している。ここでは，どんな活動がなされているかを紹介しよう（なお，コロナ禍においては，グループ活動が縮小傾向にあり，とりわけ飲食を伴うものなどは再開しにくい現状があることをお断りしておく）。

　まず，相談室（面接室）以外のフリースペース（談話室，サロン室など）を併設している大学もある。開室時間の範囲で，学生ならば自由に訪れていい場所である。誰に話す必要もなく，自由に一人で過ごせる。漫画や本などが用意されていて，授業の空き時間などで過ごしてよい。大学によっては，ソファや寝椅子が用意されていて，少し眠いときに休むこともできる。みんなが使う場所なので活動に限界が設定されていることもあるが（例えば，静かに過ごすのが前提であるとか，食事は禁止されているとか），「ちょっとホッと一息できる場所」が目指されているのはどこも同じである。

　いろいろなグループ活動が開催されている大学も多い。比較的多いのは，学生相談室主催でのランチアワーやティーアワーだろう。学生だけでなくカウンセラーも入って，ご飯を食べたりお茶を飲んだりして一緒に過ごす時間をもとうとするイベントである。最近では，自由におしゃべりできる場所として飲食を伴わないランチアワーが設けられていたり，ウェブ会議システムを用いたリモートランチアワーが設定されていたりすることも見られる。

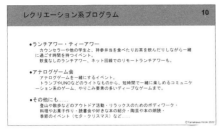

飲食を伴わないグループ活動も，各大学の学生の興味関心に合わせて，あるいはカウンセラーの趣味特技を活かして開催されている。最近比較的よく聴くのは，「みんなでアナログゲームをする」グループだ。ここ数年，ゲーム実況動画の影響か，若い人たちの間でボードゲームやカードゲームがひそかなブームになっている。TRPG（テーブルトーク RPG）を主催する「ガチ勢」の学生から，「動画で見て興味はあったがやったことはない」というライト層の学生まで，一緒に楽しい時間を過ごせるのがアナログゲームのいいところだ。トランプや UNO などのおなじみのゲームから，「はぁって言うゲーム」などのコミュニケーション系ゲーム，「カタン」のように攻略要素が入るゲームなど，参加者の要望を聞きつつ，いろんなゲームが行われている。

　他にも，登山や散歩などのアウトドア活動，料理やお菓子作り，リラックスのためのボディワークや卓球などの軽スポーツ，読書会や自分の好きな本の紹介，珍しいものでは陶芸や本の朗読など，さまざまなグループ活動が行われている。七夕やクリスマスなどの季節にちなんだイベントを行うこともある。内容についての興味で選んでもいいし，大学での仲間作りのために利用してもいいし，面白そうと感じたものがあれば一度参加してほしい。

　これらのプログラムは，遊びやレクリエーションを通して，大学生活を豊かに過ごしてもらおうとするものだが，もう少しマジメなものとしては，学生さんの自己理解につながるプログラムを提供している学生相談室もある。性格検査や職業適性検査などが受けられて，フィードバックの面接も設けられていることがある。面接は一回限りでもかまわないので，気軽な気持ちで参加してもいいだろう。心理検査はグループプログラムとして開催されていることもある。また，コラージュ療法や箱庭療法など，心理療法で使われるイメージ技法をみんなでやってみよう，と言うワークもある。また，アサーショントレーニング（意見を伝える練習）や SST（社会技能訓練；アルバイト募集先に電話をかける練習など，「ちょっと勇気のいること」の模擬練習），コミュニケーションについての講義と実習など，対人関係の練習になるプログラムもあるし，レクチャーだけで（つまり自分

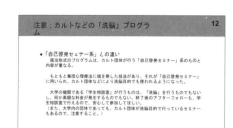

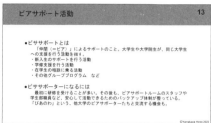

が何か発信することもなく）参加できるものもある。

　また、「合宿形式」で行われているものもある。1〜3泊程度でどこかに出かけて、いろんなワークをしながら、自分のことに気付いたり新たな人と出会ったりすることを目標とするプログラムだ。学生相談のカウンセラーが見守る中で、自己理解を深めるいい機会になるだろう。なお、こうした「自己発見」系の合宿プログラムは、「自己啓発セミナーのようなものでは？」と心配する人もいるかもしれない。確かに、そこで行う内容はいわゆる自己啓発セミナーと重なる部分もあるのだが、そもそも自己啓発セミナーが集団心理療法に端を発したものである。それらの技法を利用して宗教や商材の勧誘などの「洗脳」目的で使われるようになった結果、「自己啓発セミナー＝危険」とのイメージが広まっているが、もともとは自己理解を深めようとするワークなのである。大学時代に、なにがしかの人間関係の悩みに端を発して、あるいは自己に対する気付きをもちたいと、そうしたセミナーに興味を持つ人もいるようだが、「カルト」と呼ばれる団体が（学内であっても）開催していることもある。その点、学生相談室が行うプログラムは、実費程度で参加でき洗脳も無関係なので、興味のある人は参加してみるといろんな出会いの機会になるだろう。

　これら以外で比較的広く取り組まれている学生相談室の活動として、ピアサポートがある。ピアサポートとは、「仲間（＝ピア）」によるサポートのことで、大学生や大学院生が、同じ大学生への支援を行う活動を指す。2021年度の調査では、40％の高等教育機関がピアサポートを実施していることが判明している（杉江ら、2022）。ピアサポートでは、新入生のサポートを行う活動、学修支援を行う活動、在学生の相談に乗る活動などが行われており、ピアサポートルームが上記のようなグループプログラムを開催していることもある。一参加者として覗いてみて、面白そうに感じたら、ピアサポーター側として参加してみるのも大学生活を拡げる一つのきっかけになるかもしれない。

　ピアサポーターとして活動するには、活動の質を担保する目的で、まず何らかの研修を受けることが多い。参加した後も、学生相談室のスタッフや学生課職員

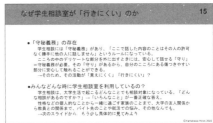

など何らかの大学側の教職員がバックアップして，その活動を支えている。近年では，「ぴあのわ」という，全国の大学のピアサポーターたちが集って研修を行う機会が年に一回開かれており，大学を越えた情報共有や交流も行われている。活動の様子は，大学のウェブサイトだけでなく SNS でも積極的に発信されているのでご覧いただきたい。

3．キホンその3──個別面接（スライド 14 ～ 19）

　そして，いよいよ学生相談室の活動のメインであり，一番見えにくい「個別面接」の説明だ（なお，一人だけでなく何人かのグループで相談に行くことも可能だが，以下では「個別面接」で統一する）。この見えにくさが，「学生相談室　行きにくい」の一番の元凶である。

　何故見えにくいのか。それは，学生相談には「守秘義務」があり，「ここで話した内容のことはその人の許可なく勝手に他の人に話しません」というルールになっているからだろう。こころの中のデリケートな部分を外に出すときには，安心して話せる「守り」が必要だ。その「守り」があるから，自分のこころにある傷つきやすい部分に安心して触れることができるのだが，しかしその分学生相談室が「見えにくい」ものにもなってしまうのも事実だ。

　だからこそ，この機会に少しでも「個別面接」の概要を伝えておきたい。だが実のところ，学生相談は，「大学生活で起こるどんなこと」でも対象にしているから，「どんな相談があるのですか？」との問いには，「いろんなこと」というのが一番正しい答えになる。性格などの個人的なことから一緒に過ごす家族のことまで，大学の友人関係から教員との関係まで，バイト先のことや就活での悩み，その他小さなことから大きなことまで，学生相談室ではあらゆる「大学生の困りごと」に応じているのだ。

①修学上の諸問題
　一番大きなものとしては，「修学上の諸問題」があるだろう。単位を落としそう

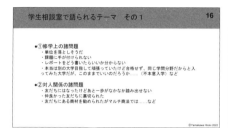

だ，課題に手が付けられない，レポートをどう書いたらいいか分からないなど，大学生活の一つの柱である学業面で悩む学生は多い。カウンセラーが代わりにレポートを書くわけにはいかないけれども，どこでつまずいていて，それを回避するためにどういう方法があるか，その人に合ったやり方を一緒に模索する。「不本意入学」のテーマ，つまり本当は別の大学目指して頑張っていたけど合格せず，同じ学問分野だからと入ってみた大学で，「このままでいいのか……」と悩んで学生相談室を訪れるケースもある。学生相談室は，その悩みを受けとめつつ，この大学のままで行くのか，あるいは決断して別の大学の受験を決めるのか，その揺らぎが落ち着くまで一緒に考えていくこととなる。

②対人関係の諸問題

　そして「対人関係の諸問題」がある。高校以前と同様大学においても，友だちにはなったがあと一歩がなかなか踏み出せない，仲良かった友だちに裏切られた，などの悩みは大学生活を送る上で大きな課題となる。自分の裁量で動けることが増える大学生時期に，友人からマルチ商法に誘われることもある。大人にふさわしい，成熟した対人関係の構築のため，学生相談室で考えながら自分らしいやり方を見つけてもらえるといいだろう。

③恋人関係やセクシャリティのテーマ

　対人関係の連続にある悩みとして，恋人関係が挙げられる。友だち関係より深い人間関係となる恋人関係では，自分自身に向き合うことも増える。自分の深い部分をさらけ出して受けいれられるだろうか，との戸惑いも増えるし，相手の歓心を買うため自分の思ったことが言えない，という悩みを持つものもいる。また大学生の恋人関係には性行為の要素も含まれることも多いが，性行為が深い結びつきにつながる一方，それにまつわる衝動性が深い傷つきにつながることも出てくる。インターネットで過激な性描写の広告が否応なく投げ込まれるこの時代だからこそ，「我がこと」として性の要素をどう受けいれていくのは一層難しく，自

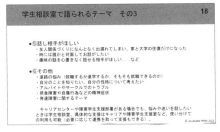

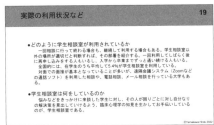

分なりの答えを模索するために学生相談室を利用する人もいる。

　それと少し関連して，セクシャリティのテーマが出てくることもある。一昔前よりは，学生たちの間でも LGBTQ+ への理解もだいぶ広まってきたようだが，それで当事者の抱える悩みや孤立感が解消されるわけではない。性的指向が治療の対象と考えられていた時代は遥か過ぎ去っても，その人自身が自分の性的指向をめぐって思い悩むことは当然生じる。青年期において，性同一性や性役割，性的指向に関する悩みは浮上しやすく，学生相談室の対象となるテーマである。

④家族についての悩み

　自立がテーマになる大学生では，家族の問題がクローズアップされることも多い。今までは親の望むように生きてきたがそれでいいのか，親から離れ一人暮らしをしているけれども未だに親に縛り付けられる，あるいは一人暮らしをしたけれども親との繋がりを否応なく自覚させられる，などである。親との関係は大学生の時期だけですべてが完結するわけではないが，従属的な親子関係から対等な親子関係への道に向けて，学生相談室で家族のテーマを考えようとする人がいる。

⑤話し相手がほしい

　「話し相手がほしくて」という利用ももちろん歓迎だ。友人関係づくりになんとなく出遅れてしまい，気がつくと家と大学の往復で……と言う人もいるだろう。最近は SNS での繋がりも増えているが，時には誰かと対面してお話がしたくなることもあるだろう。自分一人でぐるぐるぐるぐる思考が堂々巡りをしそうになったら，ちょっとしたつぶやきを吐き出す場として学生相談室を利用してほしい。好きなゲームの話をしたい，推しを語りたいが相手がいない……とかでもかまわない。学生相談室のカウンセラーは，いろんなことにセンサーを働かせている人が多く，学生から教えてもらって新たな世界を知ることが大好きだ。

⑥その他

　進路の悩み（就職するか進学するか，そもそも就職できるのか）も，学生相談室でよく話されるテーマだ。自分のことを知りたい，自分の性格について考えたいということも，心理学を専門とするカウンセラーにはぴったりのテーマだ。アルバイトやサークルでのトラブル，または摂食障害や自傷行為などの精神症状や，発達障害に関するテーマも学生相談室の対象である。なお，進路のことはキャリアセンターが，発達障害はじめ障害については障害学生支援専門の部署がある大学も多く，より明確な内容であれば（就活の進め方であるとか，診断があるので支援を受けたいなど）キャリアセンターや障害学生支援室がベストの選択肢であるが，その「一歩手前」の相談（就活に踏み出すことに不安があるとか，自分のこの性格は発達障害なのかなど）などは学生相談室での相談もいいだろう。大学の内部で連携を取って支援することも多いので，大学のいろんな機関を活用してほしい。

　学生相談室の相談の幅広さが分かってもらえただろうか。来談は一回だけでもかまわないし，継続しての相談でも問題ない。カウンセラーは学生からの相談を受けると，学生相談室を継続利用するならこういうことで役に立てるのでは，という提案をするし，学内や学外の他機関の利用が適切であると判断すればそちらを紹介する。一回だけで終わっても，しばらく後にまた訪れる人もいる。入学から卒業までずっと通い続けている人もいる。全国規模の調査によると，在学生に占める利用率は，大規模大学になると減り小規模大学では増える傾向があるが，平均すると 5.4％とのことである（杉江ら，2022）。

　なおこうした個別相談は対面で行う場合が多いが，学生相談室ではコロナ以前から電話相談も比較的行われており，コロナ以降は遠隔会議システム（Zoom など）を利用したオンライン相談も行われている。日本学生相談学会の調査によると，2021 年 4 月時点で 65％強の大学が遠隔会議システムを利用した相談を行っている（岩田ら，2022）。どのような面接形態を受け付けているのかは，各大学の学生相談室の紹介を参照してほしい。

　いろいろと例を挙げてみてきたが，以上から，学生相談室のスタンスがなんとなく見えてきた人がいるのではないだろうか。学生相談室は，悩みなどをきっかけに来談した学生に対し，その人が困りごとに対し自分なりの解決策を見出していくためのお手伝いをしているのだ。その悩みが修学問題である場合もあれば，友人関係であることもあり，家族のことであることもある。どのような場合においても，「その学生が，自分自身の納得する道」を見出して歩んでいけるよう，臨床心理学の知見を生かしてお手伝いしているのが，学生相談室である。確かに個

別相談は敷居が高いだろうが，その敷居の高さが「守り」ともなる。ちょっと申し込んでみようかな，と思ったら気軽に申し込んでほしい。

Ⅲ　おわりに──ネガティブな自分との付き合い方（スライド 20）

　近年，就職活動の早期化が言われ，「社会人基礎力」や「学士力」が喧伝されるなど，大学生にかかるプレッシャーが大きくなっている。心理学の教科書では，青年期はモラトリアム時代，つまり負うべき責任が一時猶予され，自分の可能性に向けていろいろチャレンジする時期だ，と書かれていたりするけれども，今の大学生が，果たしてどれだけ「自分はモラトリアムだ」と実感を持って思えているのだろうか。

　世界的にも着目されているお笑い芸人の渡辺直美さんは，「まずはネガティブな自分を抱きしめてあげる」ことを若者たちに伝えている（南，2021）。モラトリアムが実感しにくいこの時代だからこそ，学生相談室としては，ネガティブな自分を認めることの意義を伝えておきたいと思う。例えば就活のセミナーなどでは，ポジティブ思考を推奨されることが多い。ネガティブに考えるのではなく，自分の強みを見つけよう，いいところを見つけて積極的に人と関わろう……。もちろんその意義に異論はないが，このメッセージの欠点は，ネガティブに考える傾向のある人を余計苦しめてしまうことにある。というのも，そういう人たちは，ポジティブ思考を推されれば推されるほど，「ネガティブに考えてしまう自分はダメなんだ……」と，ネガティブ思考のスパイラルから抜け出せなくなってしまうからだ。

　そんなとき，先の渡辺さんのことばを思い出してほしい。まずはちょっと，ネガティブな自分を抱きしめてあげよう。ポジティブに考えたくともなかなかそう思えず，苦しんでいる自分に，少し寄り添ってみよう。

　ネガティブに考える人は，今までスムーズに事が運んだことが少ないのだろう。今までうまく行ったことが（少）ないなら，「またうまく行かないだろうな……」と未来予測することはある意味理に叶っている。「羹に懲りて膾を吹く」のが人間の持つ「学習」機能である。それを一刀両断に「ネガティブ思考だ」と片付けるのは，あまりにも想

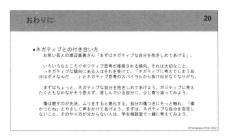

像力がない行為のように思う。

　ネガティブ思考をやめてポジティブに考えるための第一歩は，ネガティブ思考を否定することではない。まずは，ネガティブな自分を「抱きしめてあげる」ことだ。その自分が傷ついているなら，まずは傷を癒すことが先決となる。ムリをすると余計傷が悪化する。まずは自分の傷つきにそっと触れ，「痛かったね」とやさしく声をかけてあげよう。そして一番大事なのは，そんな自分を否定しないことだ。ネガティブな自分に対し，ネガティブになる必要はない。まずはネガティブな自分を認めてあげて，なんなら，「こんなふうにネガティブに考えられる自分ってすごいよなあ」と，ネガティブ思考をポジティブに考えたっていい。それが第一歩だ。

　教育機関は，大人になるための一期間を，いろんな人のサポートにより過ごす場所である。知識や技能を身につけることも必要にはなるけれど，今までうまく行かなかったことを「上書き保存」する機会もいっぱいある。大学は，今現在そしてこれまでのいろんな体験を自分の糧にするために，いろんな教職員がサポートしてくれる場所である。もしよければ，「学生相談室のスタッフ」もその一員として加えてみてほしい。学生相談室は確かに「行きにくい」ものかもしれないけれど，個別相談含めいろんな機会で皆さんの成長を支援したいと考えている。「ネガティブな自分と共存なんてどうやったらいいの……」と思っている人は，学生相談室で一緒にあなたにとってフィットするやり方を見つけていこう。人に頼る方法を身につける一つのきっかけとして，是非，学生相談室を利用してほしい。

　　文　　献
岩田淳子・横山孝行・栗田七重ほか（2022）遠隔相談実施状況に関する調査報告．学生相談研究，42(3); 230-252.
南麻理江（2021）渡辺直美さん「まずはネガティブな自分を抱きしめて」―中高生に“自分を愛するための秘訣”を伝授．ハフポスト日本版．https://www.huffingtonpost.jp/entry/story_jp_61b6ddd7e4b0030da7d701b5（2022年10月21日閲覧）
森見登美彦（2005）四畳半神話大系．太田出版．
日本学生相談学会（2013）学生相談機関ガイドライン．日本学生相談学会．https://www.gakuseisodan.com/wp-content/uploads/public/Guideline-20130325.pdf（2022年10月21日閲覧）
日本学生相談学会（2020）学生相談ハンドブック［新訂版］．学苑社．
杉江征・杉岡正典・堀田亮ほか(2022)2021年度学生相談機関に関する調査報告．学生相談研究，43(1); 56-99.
杉原保史・高石恭子（2000）学生相談室という場．In：小林哲郎・高石恭子・杉原保史編：大学生がカウンセリングを求めるとき．ミネルヴァ書房，pp.218-238.

第 12 章
ストレスマネジメント

中島道子

Ⅰ　はじめに（スライド 2）

　大学生時代は,「コドモからオトナへ」と移行する青年期の中核期にあたる。身体は第二次性徴が成人期を迎え, 心理的にはアイデンティティ確立の過程にあり, 社会的には職業選択に向かうといった, あらゆる面で成熟しようともがく怒涛の時期といえる。学生達はこのような変化の中で, 毎日のようにストレスを経験し,「〇〇がストレスだ」「×× でストレス解消」等とストレスという言葉を日常的に使っている。ストレスはマイナスに捉えがちだが, 決して悪いものばかりではない。ストレスへの捉え方を変えたり, 向き合ったりすることで心理的な成長へとつながることもある。

　本章では, ストレスを個人にとって適度なものにする介入方法である「ストレスマネジメント」を 4 つのプロセスに沿って紹介する。4 つのプロセスとは, ①ストレスについて知る, ②自分がどんな時にどのようにストレスを感じるのかに気づく, ③自分に合ったストレスコーピング（対処法）を見つける, ④ストレスを予防する, である。ストレス攻略の第一歩は「気づく」ことである。気づかなければ, 対処も予防もできないため, これを機会に自分のストレスを振り返ってみよう。

Ⅱ　ストレスについて知る（スライド 3 ～ 5）

1．ストレスとは

　カナダの生理学者ハンス・セリエ（Hans Selye）は, ストレスを「寒冷, 外傷, 疾病, 精神的緊張等, 体外から加えられた各種の有害刺激に対応して体内に生じた障害と, 防御反応の総和である」と提唱した。反応を引き起こす刺激を「ストレッサー」, 刺激に対して生じる心身の変化を「ストレス反応」という。例えば, 丸いボールを指で押した時, 一部がへこんで歪んだ状態となるが, 指でボールを

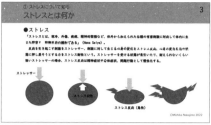
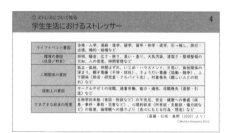

押す力をストレッサー，へこんだ状態をストレス反応という。ストレス耐性は，ストレッサーに対しほとんどへこまない状態といえる。ストレス反応は，外界からの刺激に脅かされ，平衡状態が崩れるため，体内に緊張状態を起こして，適応や防衛しようとする役目を果たしているともいえる。しかし，ストレッサーを受ける状態が長引いたり，強かったりすると耐えられなくなり，ストレス反応は精神症状や身体症状，問題行動として慢性化する。

2．学生生活におけるストレッサー

　大学生活の中に，どのようなストレッサーがあるのか，齋藤ら（2020）がまとめた表で見てみる。これは学生時代にストレッサーとなりうる事態や状況を整理した表である。表中のライフイベント要因欄には，「合格・入学」といった一般的に喜ばしいと認識されるものも入っている。良くも悪くも生活の中で変化を要する出来事（ライフイベント）はストレッサーとなるため，短期間に多くのライフイベントを経験すると，それが楽しいイベントであったとしても，心身を再調整するために多くのエネルギーを消費し，病気になる確率が高くなる。

　また，ライフイベントとまではいかないが，日常の些細で厄介な出来事や混乱するような出来事もストレッサーであり，これをデイリーハッスルという。ラザルスとフォルクマン（Lazarus & Folkman, 1984）は，日常生活の中で慢性的に経験する些細で厄介な出来事が積もり積もってストレス反応を引き起こすとした。齋藤らの表で例を挙げると，大教室での講義でおしゃべりをする学生が多く，

講義に集中しにくいこと（環境要因），仲の良いグループの人達が自分だけ外して遊びに行った写真を SNS に上げた（人間関係要因），課題が多く睡眠不足（さまざまな欲求の阻害要因）等が考えられる。このように，デイリーハッスルは日常生活の至るところにある。しかし，このようなストレッサーが直ちにストレス反応を引き起こして影響を与えるわけではない。ストレッサーに対する反応には個人差があり，人によって認知的評価，対処方法，性格等が異なる。例えば，所属サークルで重要な役職を任されたとする。「失敗したらどうしよう」と考えるか「大変だが，やりがいがあるな。成長のための経験になる」と考えるか（認知的評価）でストレッサーは良い刺激にも苦痛刺激にもなる。また，役職を担う中で仕事量が増えた時，すぐに他の人に相談して作業を手伝ってもらう人，期限の調整をしようと交渉する人，たった一人で連日連夜作業をする人等個人によって対応も異なってくる。つまり，ストレッサーという事態や状況，それに対する反応は極めて個人的な体験といえるため，「このような問題にはこのように対処しなさい」と一般化はできない。自分にとってのストレッサーやストレス反応がどのようなものかに気づくことは，ストレス対処（コーピング）への大切な第一歩となる。

3．ストレス反応

　ストレス反応には，大きく分けて「心理的ストレス反応」と「身体的ストレス反応」とがある。心理的ストレス反応とは，不安，イライラ，気分の落ち込み等で，身体的ストレス反応とは，腹痛，頭痛，動悸，呼吸が苦しくなること等がある。どちらも一時的であれば回復するが，長期化すると精神疾患や身体疾患へ発展してしまう。特に身体的ストレス反応は見過ごしやすく，軽視されやすいため，注意が必要である。

Ⅲ　ストレスに気づく（スライド 6 〜 12）

1．セルフモニタリング（自己観察）

　セルフモニタリングとは，自分の行動がどのような状況で，またどのくらいの頻度で生じるのかを客観的に観察，記録，評価することで，自分の振る舞いに対する気づきを深める方法のことをいう。ここでは，自分のストレッサーやストレス反応に気づき，観察し，理解してみよう。特に，ストレス反応については，先に説明した心理的・身体的ストレス反応だけでなく，ストレッサーに対して生じる反応として，「思考」「気分・感情」「身体反応」「行動」の 4 つに分けて観察し

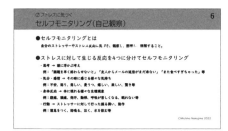
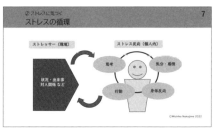

ていく。「思考」は，頭に浮かぶ考えのことで，例えば「課題を早く終わらせない
となあ」「友達からメールの返信がまだ来ないな」「また食べすぎちゃった」等で
ある。「気分・感情」は，その時に感じるさまざまな気持ちのことで，例えば不
安，怒り，悲しい，憂うつ，嬉しい，楽しい，驚き等である。「身体反応」は，身
体に現れるさまざまな生理現象のことで，腹痛，頭痛，発汗，動悸，呼吸が苦し
くなる，眠れない等がある。「行動」は，ストレッサーに対して自分が行った振る
舞いや動作のことで，例えば，溜息をつく，怒鳴る，泣く，水を飲む等がある。

　これら4つのストレスへの反応は，独立した形で現れることはなく，相互に影
響し合い，また循環する。循環する例として，授業内でグループごとに課題を皆
の前で発表する場面を挙げてみる。「皆の前で発表をする」というストレッサー
に対し，「失敗したらどうしよう」という「思考」が生まれ，「不安，緊張」等の
「気分・感情」が沸き起こり，「動悸や手のふるえ」といった「身体反応」が生じ
たとする。これらの反応は必ずしもこの順番で起こるものではないが，相互作用
によって膨れ上がった場合，最後に「行動」として「言葉が詰まり黙り込んでし
まう」「涙が出てくる」等が現れると考えられる。この「行動」により，「発表の
失敗」「グループメンバーからの批判」といった新たなストレッサーが生まれ，新
たに別の思考，感情，身体反応といったストレスへの反応が出てきて悪循環に陥
るということもある。

2．ストレス場面の外在化

　セルフモニタリングの練習として，まずは日常的で些細なストレス場面を思い
出して，紙に書き出してみよう。紙に書き出すと，自分の中で輪郭を持たずに体
験していたこと（もやもやした体験）は，文字にされ，目の前に現れ，客観的に
眺めることができる。これを「外在化」という。この時，いきなり辛すぎた体験
を書くと，当時感じた強い感情が再び湧き上がってきて，取り込まれてしまい客
観的に眺めにくくなってしまうので，できるだけ些細なストレス場面から始める
のがいいだろう。例えばこんな場面はどうだろうか。「夜の22時。家で好きなド

ラマを観ていると，同じサークルの友人Aから電話がかかってきて，サークル内の人間関係の愚痴を0時過ぎまで聞かされた。愚痴を延々聞かされると，憂うつな気分になるし，ドラマを観ていたことを中断されてイライラし，爪を嚙みながら話を聞いた。電話を切りたいけど，冷たい人だと思われたくなくて，電話を切れない自分が嫌になってくる。溜息をついていると，ようやく電話が終わったが，憂うつな気分が続いてその日はなかなか眠れなかった」。この場面のストレッサーは，「愚痴を長時間話す友人A」で，「憂うつ」や「イライラ」「嫌（になる）」が「気分・感情」，「冷たい人だと思われなくない」が「思考」である。また，「爪を嚙む」が「行動」で，「眠れなかった」が「身体反応」となる。

　このようにストレス場面を思い出して書くと，再び嫌な気持ちになるかもしれない。その時は，「そりゃ，腹が立つよね」と受け止めることが大切であるし，「腹が立ったと感じた私」というように，思い出した感情の語尾に「～と感じた私」と付けてみよう。嫌な感情に取り込まれないためには「（私が）腹が立つ」という所有感覚から「腹が立つ（と感じる私）」という外在化感覚に移していくことで，感情に取り込まれたり，圧倒されたりしにくくなる。

3．ストレッサーに気づく

　続いて，書き出したストレス場面を細かく分解し，丁寧に観察していく。まず，最初にストレッサーだけを抜き出してみよう。抜き出す時のポイントは，「具体的」「客観的」に書き出すことである。先に挙げた友人Aの例でいうと，「夜の22時に，家でドラマを観ていると，同じサークルの友人Aから電話がかかってきたので，観ていたドラマを中断した。Aは，サークル内の人間関係の愚痴を0時過ぎまで話し続けた」となる。「聞かされた」は主観的表現のため「話し続けた」と相手の行動を記述する。「憂うつ」等の気分や感情は主観となるため書かない。ストレッサーは自分の反応を除いた状況の記述となる。

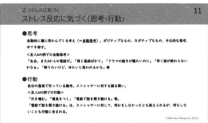

4．ストレス反応に気づく

次にストレス反応を4つに分けて，整理，観察していく。

①気分・感情

　気分・感情とは，その時に自分の中で沸き起こってくる「短く，ひとつの言葉で言い切れるもの」を指す。例えば，嬉しい，楽しい，悲しい，面白い，イライラ，恐怖，絶望，落ち込み，爽やか，びっくり，すっきり，不思議，気がかり，満足等で，ポジティブ，ネガティブ，中立的なものがある。友人Aの例でいうと，最初はドラマを観ていて「楽しい」気分だったが，友人Aの電話により，「憂うつ」「イライラ」となり，最後は「自己嫌悪」へと変化している。一つの出来事の中にも，さまざまな気分・感情があることがわかる。

②身体反応

　ストレス反応としての身体反応は，自分の意思ではなく自然に生じる生理現象である。例えば，頭痛，腹痛，吐き気，動悸，耳鳴り，手足のふるえ，手が冷たくなる，体が熱くなる，頭に血が上る，体がかゆくなる，呼吸が速くなる，涙が出てくる，体が重たい・だるい，肩こり，肌荒れ等で，ネガティブなものがほとんどである。ストレス反応としての身体反応は生じない場合もあるが，一方で「気づきにくい」という特徴がある。例えば「肩こり」は些細なこととして見過ごされやすいし，ストレッサーとの関連に気づかれにくいという特徴がある。また，身体反応は連動することもある。肩こりが背中全体への痛みにつながることや，目の疲れから肩こりになることもある。身体反応が症状として重症化しないためにも，些細な身体反応に気づき，対処していく必要がある。

③思考

　自動的に頭に浮かんでくる考えのことを「自動思考」といい，単文で表される

ものを指す。私達の頭の中は1日中，さまざまな考えやイメージが浮かんでは消えるということを繰り返している。温かい風呂に入って「疲れがとれて幸せだな」と思った時，「私は今，疲れがとれて幸せだなと思おう」としていないし，「私は今，疲れがとれて幸せだな

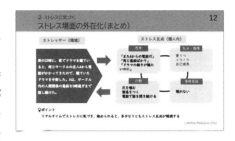

と思ったな」と意識することもない。自動思考は，気分・感情と同様にポジティブなもの，ネガティブなもの，中立的なものがある。友人Aの例だと，「またAからの電話だ」「話が長くかかるのかなぁ」「ドラマの続きが観たいなぁ」「断りたいけど，冷たいと思われるかな」等が自動思考として浮かぶと考えられる。

④行動

　ストレス反応としての「行動」とは，ストレッサーに対して，自分の意思で行っている動作や振る舞いをいう。「行動」は，ストレッサーによる「思考」「気分・感情」「身体反応」が起こった最後にアウトプットとして生まれる。他の3つのストレス反応に比べて，セルフモニタリングがしやすいし，周囲から見てもわかりやすい特徴を持つ。友人Aの例だと，「爪を噛む」「溜息をつく」「電話で話を聞き続ける」等である。「電話で話を聞き続ける」は，ストレッサーに対して，何かをしなかったとも捉えられるが，何もしないことも何かしらの動作（ここでは「聞き続ける」）として考えられるため，行動に含まれる。

▌5．ストレス場面の外在化（まとめ）

　ストレス場面を丁寧に観察し，細かく分解して一つの図にして眺めると，自分のストレス反応の傾向や，悪循環への成り立ちが見えてくる。ストレス場面に気づき，分解して眺めるというセルフモニタリングは，常日頃から何度も行う癖をつけることが重要である。ストレスに気づく行為自体が，コーピングであり，ストレス反応の軽減につながるからである。考えや感情，身体反応が生じると，私達はそれに取り込まれ制御不能になりがちだが，気づき，眺めるといった外在化により，心理的距離が生まれ，少しずつ制御可能になっていく。過去のストレス場面を観察し，分解できるようになったら，「今，ここ」で起きていることをセルフモニタリングしていこう。リアルタイムでストレスに気づき，眺めることで，多少なりともストレス反応はすぐに軽減するし，悪循環を断ち切ることができるからである。

Ⅳ　自分に合ったコーピング（ストレス対処法）を見つける（スライド 13 ～ 19）

1．コーピングとは

　コーピングとは，ストレス反応を軽減することを目的とした「意図的」な対処のことである。つまり，ストレスを自覚し，理解した上で，自分で自分を助けようと意図的に何かを行うことである。コーピングには「問題焦点型」と「感情焦点型」と大きく2種類がある。「問題焦点型」とは，ストレッサーへ直接的に働きかけることである。例えば，レポート課題を複数抱えて忙しい中，サークルでのイベント担当を先輩からまかされたことが苦痛だったとする。その時，担当を他の人に変えるように頼むことや，逆に担当人数を増やしてもらうように頼む等，ストレッサー自体を変えようとすることである。一方，「感情焦点型」とは，ストレッサーへの直接的な働きかけではなく，ストレス反応による気分や感情（悲しい，不安，イライラ等）を和らげようとするものである。例えば，友人に愚痴を聞いてもらう，担当をまかされたことの良い面を考えてみる，運動をして気持ちをリフレッシュする等である。一見，問題焦点型の方が，ストレスへの根本的な解決のため有効だと見えるが，いつも直接的に問題や状況を変えられるとは限らないし，問題や状況を変えることが望ましくないこともある。例でいうと，担当を変えたり人数を増やしたりができないこともあるし，担当を避けると自分自身の成長の機会を逃すことにもなる。問題焦点型のコーピングを効果的にするためには，感情焦点型を組み合わせ，それらのバランスを図ることが必要となる。

2．コーピング方略の8分類

　コーピングを詳しく見ていくために，島井・嶋田（2001）が提案した8種類のコーピング方略を参考にする。これは，「問題焦点−情動焦点の軸」「関与−回避の軸」「認知−行動の軸」を組み合わせた8パターンのコーピング方略である。表

をよく見ると，上位軸の「問題焦点－情動焦点の軸」,「関与－回避の軸」の中には「認知」「行動」のいずれかの方略が入っていることがわかる。つまり,具体的な方略は「認知的なコーピング」と「行動的なコーピング」を考えるといい。「認知的なコーピング」とは頭の中で考えたり，イメージをしたりすることで,「行動的なコーピング」とは具体的な行動をすることである。それぞれの例はいくつか挙げておく（スライド 14，15）。

3．コーピングレパートリーを作る

　コーピングは，事前にできるだけたくさん用意し，意識しておくことが大切である。実際にストレス場面に出会った時，事前にリスト化しておくと，選択する行為により制御感が高まる。自分に合ったコーピング選びのコツは，楽しく，健康的で負担の少ないものを考えてみることである。例えば，飲酒は酔うことで，一時的に楽しい気分や解放感を得やすいが，飲酒量が多くなると健康への影響が大きくなる。また，海外旅行に行く，高級ブランド品を買う等も，時間や費用がかかり頻繁に行うことは難しいため，コーピングを選ぶ時は，かかる費用や時間のこと,健康への影響や対人関係が悪化しないか等を考慮して探してみる。では,自分で思いつく限りのコーピングを書き出してみよう。例をいくつか挙げておく（スライド 16）。書き出した自分のコーピングは,紙に書いたものをスマートフォンの写真機能で保存したり，メモ機能に書く等していつでも見られるように持ち歩こう。

　また，いつでもどこでも無料で容易に実践できる便利なコーピングとして,「心地よいイメージ」をいくつか用意してみよう。心地よいイメージは，音や触感,香りや味と言った五感を使ったイメージが良い。例えば，「青空の下，海の上で,波に揺られながら浮かんでいるイメージ」「好きな人と手をつないで寄り添っているイメージ」「干したての布団の上で温かさを感じながら寝そべっているイメージ」等である。ストレスを感じた時，用意しておいたイメージをすぐに思い浮かべてみよう。

4．マインドフルネス

①マインドフルネスとは

　マインドフルネスとは，「サティ」というパーリ語の仏教用語を英訳したもので，「こころにとどめておく」「思い出す」「念」等の意味である。マインドフルネスは，自分に起こっている「今この瞬間」の体験に気づき，それらを判断したり評価したりすることなく，あるがままに眺め，受け止める状態のことである。元々，世界中の仏教寺院で行われているものだが，欧米ではストレス対処やうつ病の医学的な治療プログラムとして広まっている。マインドフルネスを日常生活に取り入れることができれば，さまざまな出来事や感情に振り回されることが少なくなるため，非常に効果的なコーピングである。本章ではここまで「ストレッサー」や「ストレス反応」に気づき，それらを外在化してきたが，それをマインドフルネスに行うとしたら，どんなストレッサーやストレス反応に対しても，好き／嫌い，良い／悪いと判断や評価せず，「こんなストレッサーが来ているな」「こんなストレス反応が出ているな」と，ただ眺め，「ふーん，そうなんだ」と受け止めることになる。ただし，ストレス場面は不快なものが多いため，嫌いや悪いと決めずに眺めることはそう簡単なことではない。「あるがままに眺め，受け止め，それを手放す」ことができるようになるには，中立的な事柄での練習が必要になる。コツは，自分を眺めている「もうひとりの自分」を意識することだ。練習方法はたくさんあるが，ここでは身体・行動に焦点を当てたマインドフルネスを1つだけ紹介する。

②「呼吸に注意を向ける」プラクティス

　身体・行動に焦点を当てたマインドフルネスとして「呼吸」に注意を向けるプラクティスを紹介する。楽な姿勢をとりながら，呼吸中のさまざまな体

の動きに注意を向け続け，途中に浮かんでくる考えや感情に気づきながら，呼吸に注意を戻して，体の動きを感じていくプラクティスである。では，椅子にリラックスして座り，背筋を緊張しない程度に少し伸ばして，手はゆったりと膝か太ももあたりに置く。目は閉じても閉じなくても良い。気持ちが落ち着いたら，普段のリズムで自然に呼吸しながら，空気が鼻の穴を出入りすることに注意を向ける。呼吸に注意を向けながら，入った息が体の中をめぐっていく感覚や，一瞬ごとの体の感覚に気づきながら，呼吸を続ける。途中で「うまくできているのかな」「レポートがまだ終わってないな」等，さまざまな思いや考え，記憶が出てきて，意識が呼吸から離れることがあるが，これは自然で当たり前のことなので，考えが浮かんだことや考えの内容を「良い・悪い」と判断せずに，「うまくできているのかなと考えたな」と頭の中で言語化して実況し，それ以上は考えずにもう一度ゆっくりと急がずに呼吸に注意を戻す。また，体の痛みやかゆみ，何かの匂い等に気がそれた時も「背中がかゆいと感じている」と実況し，それ以上反応せずにゆっくりと呼吸や呼吸中の体の動き（呼吸によるお腹の上下運動等）に注意を戻す。プラクティス中に体が動いたとしても構わないので，硬くならずゆっくりとリラックスした姿勢に戻しながら，呼吸に戻っていこう。

　このように呼吸に集中することが意識の中心となることで，何か考えが浮かんでも惑わされず，いつでも呼吸に意識を戻すことができ，日常生活でも余計な考えに振り回されにくくなる。

　マインドフルネスを実践することで，「今，ここ」の感覚に気づき，考えや感情，欲求や評価に囚われたり，圧倒されたりすることが少なくなるが，これはスポーツの筋力トレーニングのようにコツコツ続けないと，なかなか身に付かない。練習を続けることは難しいかもしれないが，日常生活の些細なところに取り入れることができるため，いくつかの例を紹介する。例えば，シャワーの時，お湯が体に当たる温度や感触を味わったり，洗顔時に泡が顔に当たる感触を味わったり，家に入る時のドアノブの感触や温度に注意を向けたり，講義開始前の着席時，足の裏が床（靴）に当たる感覚に注意を向ける等である。1 日 1 回，いつでもどこでも少しだけ「今」に戻れる時間を作る工夫をしてみよう。

Ⅴ　ストレスを予防する（スライド 20）

　最後に，ストレスの予防について取り上げる。ストレスマネジメントの土台であり，ストレス予防の最も基本的なことは，適切な生活リズムを保つことである。そう聞いて「えー，そんなことなの」と軽視してはいけない。うつ症状で来

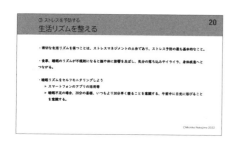

談する人の中には，基本的な生活リズ
ムを取り戻すだけで症状が軽快する人
もいる。つまり，いくらストレスマネ
ジメントの方法を学んだとしても，乱
れた生活リズムであれば，ストレス反
応は軽減しないのである。高校生まで
は時間割が一定であるため，起床，食
事，就寝時間にリズムがつきやすいが，大学の時間割は毎日同じ時間に講義があ
るわけではないので，起床時間が不規則になりやすく，食事，就寝時間にも影響
しやすくなる。講義やレポート，サークルやアルバイト，友達，先輩，後輩とい
った人づきあいは，大学生にとって大切なものばかりだが，それらを優先し，睡
眠時間を少なくしたり，食事を疎かにしたりすると気づかないうちに脳や体に影
響を及ぼす。寝不足が少しでも続くと，些細なことで気分が落ち込んだり，不安
が高まったりしやすくなる。気分への影響だけでなく，寝不足によるイライラが
人間関係を悪くすることもある。また，食欲増進作用のあるグレリンというホル
モンは，睡眠時間が短いほど血液中の濃度が高くなるため，睡眠不足になると過
食になり，肥満や高血圧の原因となる。一方で睡眠時間が長すぎることも身体疾
患の原因になる。1日の終わりに体の疲れは自覚しやすいが，実は脳も疲労して
いる。スマートフォンやパソコン画面を見る時間が長いことや，情報のスピード
が加速している現代社会は脳が疲れやすい。ストレス解消だからといって，就寝
前に SNS やゲーム，動画のためにスマートフォンの画面を見ることは控えよう。
寝る前に脳が活性化してしまうからだ。自分の睡眠リズムに気づくために，一度
セルフモニタリングしてみよう。2週間分の起床時間と就寝時間をメモするだけ
でも良いが，最近ではスマートフォンのアプリがあるので活用することも良いだ
ろう。自分の睡眠リズムをセルフモニタリングして，睡眠不足だと感じたら，昼
寝を 20 分取る，いつもより 30 分早く寝ることを意識する，午前中に日光を浴び
ることから始めてみよう。

VI　おわりに

　現代社会は，情報に溢れ，処理スピードの速さが求められ，気づきにくい疲労
が溜まりやすい環境となっている。生活していく中で，ストレスを無理になくそ
うとせず，立ち止まって「今，この瞬間」の自分の状態に注意を向け，眺めてい
く習慣を身に着けてみよう。セルフモニタリングとコーピングでストレス反応は

抱えられるように向かっていくだろう。日常生活のほんの些細な場面から試していってほしい。

文　　献

有光興記（2017）図解 マインドフルネス瞑想がよくわかる本．講談社.

伊藤絵美（2021）コーピングのやさしい教科書．金剛出版.

Lazarus, R. S., & Folkman, S. (1984) *Stress, Appraisal, and Coping.* Springer.（本明寛・春木豊・織田正美監訳（1991）ストレスの心理学―認知的評価と対処の研究．実務教育出版.）

齋藤憲司・石垣琢麿・高野明（2020）大学生のストレスマネジメント．有斐閣.

島井哲志・嶋田洋徳（2001）イライラのマネジメント．法研.

第13章
キャリア選択・就活

宇賀田栄次

I　はじめに（スライド2～4）

　近年，大学生の就職環境は良好で学生優位の売り手市場といわれているが，卒業後の就職に不安を感じている大学生は少なくないばかりか，この数年増加傾向にある。

　全国大学生活協同組合連合会（2023）によれば，就職に「不安を感じている」（「とても感じている」＋「感じている」）学生は74.8％で，過去10年のなかで最も高い。特にこの3年間は，就職活動を始める3年生だけでなく，2年生の割合も増えており，どちらも80％を超えている。一般社団法人日本私立大学連盟（2022）からは，「自分の適性にあった職業を選べるかどうか」や「いつ頃から就職活動をしたらよいか」という不安が1・2年生に多いことが分かる。

　このように，良好な就職環境にあっても就職に対する不安は高く，また，低学年においてもキャリア選択や就活はキャンパスライフの大きなテーマとなっている。本章ではそれらについて学生が理解しておくべきポイントを紹介する。

II　キャリアを選択する（スライド5，6）

　「キャリア」（career）とは，中世ラテン語のcarrus（荷馬車）などが語源とされ，車道や轍（わだち），行路や足跡を表す言葉としても使われるようになったこ

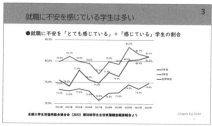

スライド4

1・2年生に多い就職の不安

●就職に関して不安に感じること

一般社団法人日本私立大学連盟（2022）私立大学学生生活白書2022より

スライド5

キャリアを選択する

就職活動を始める頃のケースから考える「選択」

スライド6

キャリアを選択する

●キャリアの定義から考える（career）とは
●キャリア（career）とはやせラテン語のcarrus（競馬車）などが語源とされ、車道や轍（わだち）、行動や足跡を指す言葉としても使われるようになったことから転じて、人がたどる経歴という意味をもつようになったといわれている。
●「人が、生涯の中で様々な役割を果たす過程で、自らの役割の価値や自分と役割との関係を見いだしていく連なりや積み重ねが『キャリア』の意味するところ」（文部科学省 2011）との定義もある

●「キャリアを選択する」ということは、どんな仕事に就くかだけでなく、どのように生きていくのか、どのような人間でありたいのか、にもつながる
●何を選ぶのか、だけでなく、何から選ぶための過程自体が自分のキャリアをつくっていく
●選んだものに対してどのように向き合っていくかに価値や意味があり、日々の行動や考え抜くことが次のキャリア選択に影響を与える

とから転じて，人がたどる経歴という意味をもつようになったといわれている。

　日本では「人が，生涯の中でさまざまな役割を果たす過程で，自らの役割の価値や自分と役割との関係を見いだしていく連なりや積み重ねが『キャリア』の意味するところ」（中央教育審議会，2011）との解釈もあるように，仕事や働くことだけでなく，周りや社会とのかかわりの中で自分がどのように生きてきたのかを含むものである。したがって，「キャリアを選択する」ということは，どんな仕事に就くかだけでなく，どのように生きていくのか，どのような人間でありたいのか，にもつながる。

　また，何を選ぶのか，だけでなく，選ぶための過程自体がキャリアをつくっていくといえる。すなわち，選んだものが希望通りだったかどうかよりも，選んだものに対してどのように向き合っていくかに価値や意味があり，日々の行動や考え抜くことが次のキャリア選択に影響を与えるといえるだろう。ここでは，就職活動を始める頃に学生が口にするいくつかのケースから「選択」について考える。

1．自分の適性にあった仕事に出合いたい（適職信仰）（スライド7）

　「適職信仰」とは，「そのうちきっと何かぴったりの仕事に巡り合うだろう，天職に出合えるはずだと，将来に夢や希望を抱きながら適職との出会いを待ち続ける傾向」（安達，2004）を意味し，若者の特徴的なキャリア意識とされる。日本私立大学連盟（2022）にある「自分の適性にあった職業を選べるかどうか」という不安も適職信仰と重なる意識が感じられる。

　安達（2004）によれば，適職信仰そのものは就職未決定につながらないものの，「いつかこれだという仕事に巡り会えるとの考えに凝り固まることで，厳しい現実を見据えた活動にならなかったり，現実的な目標を設定できなかったり，そ

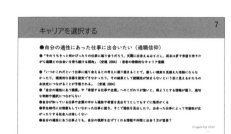
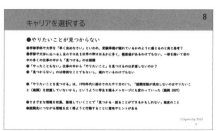

の結果として就職先が決まらないという目に見えるかたちの未決定につながることが予想される」と指摘している。「自分の適性にあう職業」や「希望する仕事や企業」を探したり，目指したりすることはよいが，それらへのこだわりが強いと，得ようとする情報が偏り，適切な判断や選択につながらない。また，自分が知っている仕事や企業の中から適性や希望を見出そうとしてもすぐに限界がくるだろう。

　社会人に聞くと，学生時代には想像もしていなかった仕事に就き，そこで適性を見出したり，出合った仕事によって可能性が広がったりすることは珍しくないと気づくだろう。自分の適性にあう仕事よりも，自分の視野を広げてくれる情報や仲間と出合う方が重要かもしれない。

2．やりたいことが見つからない（スライド8）

　「やりたいこと」を見つけなければ就職活動を進めることができないと考えている学生は多い。そのため，「やりたいことが見つからない」学生は悩み，周りより遅れていると思い込む場合もある。高校生が大学受験を目指すなか希望する学部学科や志望校が決まらないと先生や保護者から「早く決めなさい」といわれ，受験準備が遅れているかのように感じるのと同じかもしれない。

　模試の結果などをもとにすれば，候補となる学部や大学の情報が容易に手に入るだろうが，世の中にある仕事の数はそれらよりはるかに多く，偏差値があるわけでもない。大学での専攻や研究につながる専門職でない限りは，世の中の多くの仕事の中からそれを「見つける」のは困難だといえる。また「やったこともない」仕事の中から「やりたいこと」を見つけるのは矛盾しないだろうか。「見つからない」のは特別なことでもないし，遅れているわけでもない。

　鵜飼（2007）によれば，就職活動における「やりたいこと」は1990年代前半のバブル崩壊を引き金とする売り手市場から買い手市場への転換を背景に，内定獲得の手段として確立されていった「自己分析」の手順と作業が複雑化していくなかで生まれた考え方だという。買い手市場での就職活動をうまく進めるために

紹介されたやり方の 1 つでしかなかったが,「就職活動が成功しないのはやりたいこと（適職）を把握していないから」というように学生を煽るメッセージにも変わっていったというから, それ以降現在まで多くの学生は「やりたいことを見つけなければならない」という思い込みでの不安があるのだろう。同じことが「業界が絞れない」という悩みにもいえる。

「やりたいことを見つける」や「業界を絞る」ことは就職活動を進めるための考え方の 1 つでしかない。さまざまな情報を収集, 整理していくなかで「見つかる・絞ることができるかもしれない」程度のことである。就職先につながる情報を広く得ようと行動する過程に意味やヒントがあることを理解しておきたい。

▎3．専門を生かすのか, 専門とは関係ない仕事を選ぶのか（スライド9）

「大学で学んだ英語を生かした仕事に就きたい」「大学では有機化学を専攻したが, IT 業界に興味がある」など, 大学での「専門」を生かす仕事に就くのか, 学んだ分野とは直接関係のない仕事に就くのか, に悩む学生がいる。

そもそも学生が「専門」と呼ぶのは, 多くの場合, 勉強した専門知識や取り組んできた研究領域のことを指すが, 4 年間, あるいは 6 年間取り組んできた内容だけで, 就職後の約 40 年間の仕事ができる知識と技能を身につけられるわけではない。大学では「専門」を通して「深く考える力」や「新たなことの学び方」を身につけていると考えた方がよい。

また, 大学では専門教育科目や研究に加え, 一定の教養教育（共通教育）科目が卒業要件になっている場合が多い。他の分野を学ぶことによって, 世の中の複雑さや異なる見方, あるいは専門分野の「限界」に気づくことも重要だからである。大学で学ぶのは知識や技能だけではない。大学で学んだ分野とは直接関係のない仕事に就いたとしても,「専門」を通して身につけた力が発揮されるし, それらがどんなものなのかは仕事を始めてみて気づくことも多い。

一方で,「専門」とは関係ない仕事を希望する企業の面接で,「当社での希望職種と大学での専門分野は異なるのはなぜか」と問われ,「やはり専門とは関係ない仕事を希望するのは不利なのだろう」と勝手に解釈する学生が多い。しかし, この質問は応募者の考えを聞いているに過ぎず, 意地悪く訊ねているわけではない。これらの質問への「回答の仕方」が人物評価につながることを理解しておきたい。表情を曇らせず,

企業担当者にわかりやすく説明することができれば，仕事選びに対して自分の考えをしっかり持っている印象が伝わり，むしろ異なる分野を学んだことが強みに転じる場合がある。「専門」で身につけた論理的思考をここでも生かしたい。

4．正社員以外では働きたくない（スライド10）

正社員以外の雇用者は「非正規雇用者」と呼ばれ，一般的には，契約社員や派遣社員のように雇用期間を定めて働く人，あるいはパートタイマーやアルバイトのように1日あたりの働く時間が短い人を指す。

不安定な雇用の印象がある非正規雇用者だが，雇用者全体に占める割合は34.5％（総務省，2021）と多くの職場で欠かせない戦力となっており，積極的に非正規雇用を選ぶ人も少なくない。厚生労働省（2021）によれば，非正規雇用を選ぶ理由として最も多いのが，「自分の都合のよい時間に働けるから」だが，男性は「専門的な資格・技能を活かせるから」がそれを上回る。

日本では，「メンバーシップ型雇用」といって，職務内容を決めず社員を雇用し，メンバーとしての雇用安定・待遇と引き換えに無限定な働き方を求める企業が多く，正社員はフルタイム勤務で会社都合による部署異動や職種転換を命じられることが多い。フルタイムで毎日働くことや資格・技能を生かせない仕事に就くことに不安があるときは，非正規雇用の方が働きやすい場合もある。正社員以外は不安定な雇用であるから選んではいけないという固定観念を持っていると，仮に非正規雇用を選ぶ際，自分を否定し続けることになり，精神的にも不安定になる。

派遣法（労働者派遣事業の適正な運営の確保及び派遣労働者の保護等に関する法律）やパートタイム・有期雇用労働法（短時間労働者及び有期雇用労働者の雇用管理の改善等に関する法律）の改正により，これまでに比べて非正規雇用者の雇用安定や待遇格差の是正が進んでいる。長い職業人生を見据えたキャリア形成においては，非正規雇用を避けるだけでなく，働き方の1つの選択肢と捉えておく必要もある。

Ⅲ　インターンシップ（スライド 11, 12）

　インターンシップは, 1906 年にアメリカのシンシナティ大学工学部で企業と連携して学生のためにカリキュラム化したものが始まりといわれている。日本では, 1997 年に経済界からの要請によって産学連携教育として導入され, 当時推進が始まったキャリア教育とも結びついていった。導入当時からインターンシップは「学生が在学中に, 企業等において自らの専攻や将来のキャリアに関連した就業体験を行うこと」（文部省・通商産業省・労働省, 1997）と定義されてきた。

　その後受け入れ負担があることなどの理由で企業でのインターンシップは広がらなかったが, 2013 年から就職活動時期が後ろ倒しになったことをきっかけに, 自社や業界への理解を促すねらいで広がっていった。しかし, 「インターンシップ」との名称で単なる会社説明会が行われたり, 実質的な一次選考機会にする企業も増えたりしたことを受け, 2022 年インターンシップは新たな定義とともに大きく変わった。ここでは, 新たなインターンシップを含めたキャリア形成支援プログラムを整理し, どのように活用していくべきかについて理解しておく。

1. 就職協定の廃止から新たなインターンシップへ（スライド 13）

　戦後, 経済成長を支えた日本の企業では「新卒一括採用」が定着したが, 優秀な学生を早く確保したいと「学生の青田買い」と呼ばれる採用活動が加速し大学の教育や研究にも支障が生じる問題が続いた。企業と大学で構成する就職問題懇談会で就職協定を改定する動きもあったが, 結局解消されず, 1997 年に就職協定は廃止され, インターンシップが導入される背景となった。

　就職協定廃止後は, 学生の就活ルールとして「倫理憲章」や「採用選考に関する指針」が企業側から示されてきたが, 2018 年 10 月, 日本経済団体連合会（経団連）が, 経団連としては「採用選考に関する指針」を策定しないことを決定した。これを契機に, 採用日程のあり方だけでなく, 産学協働での人材育成につい

て未来志向で議論するために，経団連と大学が直接対話する枠組みとして「採用と大学教育の未来に関する産学協議会」（協議会）が 2019 年 1 月に設置され，この協議会での議論を踏まえ政府が賛同することで 2022 年に新しいインターンシップの定義が決まった。

　新たなインターンシップは「学生が，その仕事に就く能力が自らに備わっているかどうか（自らがその仕事で通用するかどうか）を見極めることを目的に，自らの専攻を含む関心分野や将来のキャリアに関連した就業体験（企業の実務を体験すること）を行う活動」と定義され，インターンシップを含む「学生のキャリア形成支援における産学協働の取組み」として分類された 4 つのタイプに分類された。

┃ 2．キャリア形成支援プログラムの 4 つのタイプ（スライド 14）

①タイプ 1：オープン・カンパニー

　高校生が大学の情報を得る「オープン・キャンパス」の企業・業界・仕事版で，「個社・業界の情報提供・PR」を目的としている。数時間から 1 日の就業体験のないプログラムで，主に，企業・就職情報会社や大学キャリアセンターが主催するイベント・説明会が想定され，学年を問わず参加できる。自分が将来どのような仕事を通じて社会に貢献するかなどを考え始めることにもつながるため，1・2 年生から積極的に活用したい。

②タイプ 2：キャリア教育

　「働くことへの理解を深めるための教育」を目的としたプログラムである。大学が単独あるいは企業と協働して，正課（授業）あるいは正課外（産学協働プログラム等）として行う場合や，企業が CSR（事業活動の社会的責任としての活動）の一環として行うものが想定されている。企業主催の場合は，長期休暇期間中や平日の夕方・夜間，週末に実施することやオンラインの活用が推奨されている。タイプ 1 と同様に，学年を問わず参加できるため，1・2 年生からの活用を考えたい。

③タイプ 3：汎用的能力・専門活用型インターンシップ

　しっかりとした就業体験を行うことを通じて，学生にとっては自らの能力を見極めること，企業にとっては採用選考を視野に入れた評価材料を取得することを目的として行うもので，新たな定義でも「インターンシップ」と呼ばれ，大学 3年生以上を対象としたプログラムである。

　このプログラムでは，「就業体験要件」「指導要件」「実施期間要件」「実施時期要件」「情報開示要件」の 5 つを満たすことが企業に求められ，実施期間は適性や汎用的能力をより重視する 5 日間のプログラム（短期）と，技術系や事務系での専門性を重視する 2 週間以上のプログラム（長期）に分けられる。企業にとっては取得した学生情報の採用活動への活用が認められた点がこれまでと大きく異なる。

④タイプ 4：高度専門型インターンシップ

　タイプ 3 と同様の目的をもつが，「ジョブ型インターンシップ（理系・博士課程対象）」と「高度な専門性を重視した修士課程学生向けインターンシップ（文系・修士課程学生）」が想定されており，今後，協議会での試行実施，パイロット実施を経て，本格的な活用が検討されている。

▌3．キャリア形成支援プログラムの活用（スライド 15）

　学生には「インターンシップ」（タイプ 3・4）だけでなくできるだけ低学年のうちにタイプ 1・2 のプログラムに参加し，企業情報や社会人との交流に慣れていくことを勧めたい。

　複数のプログラムに参加することによって，情報を比較し，自分の判断基準をもつことができる。すなわち，さまざまな企業や社会人からの情報に触れるなかで，自分の関心が大きいものや小さいものがあることに気づき，仕事をする上での自分の強みや弱みが実感できれば，今後どのような仕事，企業を希望していくのかという判断基準（就職活動の軸）に照らして選択できるようになる。加えて，ロールモデルと呼ばれる目指したい社会人像も見つかるかもしれない。

　ただし，参加する際には参加自体が目的化しないよう，また参加したことがキャリア選択や就職活動に生かせるよう，事前の目標・仮説立て，事後の振り返りと言語化を丁寧に行っておき

たい。

IV　就職活動（スライド16，17）

　先にも触れたように，就職への不安をもつ学生は少なくないが，それは「就職活動」に対する恐れのようなものかもしれない。

　藤井（1999）は，「職業決定および就職活動段階において生じる心配や戸惑い，ならびに就職決定後における将来に対する否定的な見通しや絶望感」を「就職不安」と定義し，就職活動そのものに関する「就職活動不安」，職業に対する適性に関する「職業適性不安」，将来の職場に関する「職場不安」の3つから構成されることを示し，職業や会社に対する将来的な不安よりも就職試験など就職活動そのものに対する不安の方が強いことから，「就職活動不安」がストレスと抑うつに強く関連していることを指摘した。

　宇賀田ら（2018）によれば，未内定学生には焦り，行き詰まり，意欲低下，迷い，無気力，自信喪失，劣等感といった心の状態があり，表出傾向としては，対人コミュニケーションの問題，家族関係での問題，自己流・こだわりの強さ，依存（傾向）・自主性欠如，不安定な体調の5つがあるという。

　また，松田ら（2006）は，就職活動における不安を測定する尺度を5因子に整理した。5因子とは，「アピール不安」（就職活動においてうまく自分をアピールできるか不安であるなど），「準備不足不安」（就職活動に対する準備があまり進んでいないのが不安であるなど），「試験不安」（試験にどんな問題が出題されるか不安であるなど），「活動継続不安」（長い就職活動を乗り切れるか不安であるなど），「サポート不安」（就職活動について相談できる人が周りにいないのが不安であるなど）である。さらに松田ら（2010）は5因子の構成を再度実証し，「就職活動の支援においてまず重要であるのは，就職活動不安の低減」と述べている。

　これらのことから，就職活動そのものに対する不安を軽減することが重要だが，「やりたいことが見つからない」をはじめ，学生が「こうしなければならない」と

思い込んでいることが不安につながる場合が多いため，ここでは，それらの例を整理しておく。

1．就職活動の本質（スライド18）

　学生にとって就職活動は，働く先の内定を得ることが目標の１つだが，それ自体が目的ではない。入社後，学生も企業も「こんなはずではない」と思うことがないように相互理解を深めるための活動が重要で，企業側と学生側，双方の理解と期待が揃って初めて内定となる。したがって，学生にとっては，応募企業を理解することと，企業側に自身への期待をしてもらえるよう努めることの両方が就職活動といえる。

　「自己分析」を就職活動の第一歩とする就活対策本もあるが，多くの学生には「業界・企業研究」から始めることを勧めたい。関心のあるなしに関わらず，偶然見つけた企業のことをまず調べ，もしこの企業に応募するとしたら自分をどう伝えるのか，どんな点に期待してほしいのかを言葉にしてみるとよい。最初に「自己分析」をやり始めると「やりたいことが見つからない」など「就活の迷い子」になる可能性がある。

2．エントリーシート（スライド19）

　1990年代はじめに「ソニー株式会社」が，学校名不問の採用試験を実施するにあたり導入した新たな選考手段がエントリーシートである。その後，インターネットを使った採用活動を進めるなか応募者が増え，その中から選抜する，主に一次選抜する方法として多くの企業に定着していった。エントリーシートは企業によって設問や形式が異なるため，模範解答があるわけではない。また，シート全体を読んだ印象で応募者がどんな人物なのかを判断する場合が多いため，設問ごとに採点されるわけではない。応募企業のことを十分に調べた上で，応募企業が期待をもってくれるよう文章をまとめることが重要である。

　なお，学生の売り手市場となった現在では，応募者を増やすためにエントリー

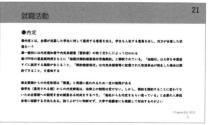

シートを簡略化したり，就職情報会社による共通シートを使ったり，他の方法で一次選抜したりする企業も多くなった。

3．ガクチカ（スライド 20）

　志望動機や自己 PR とともに「就活三大質問」ともいわれる「ガクチカ」とは，エントリーシートや面接でよく訊ねられる「学生時代に力を入れて取り組んだこと（頑張ったこと）」という設問を指す。「他者とは異なる大きな成果や実績をアピールして，自分により興味をもってもらうもの」ではなく，「興味分野や問題意識への行動の過程から，思考や行動の特性を想像してもらうもの」と考える方がよい。時間をかけたものや長く続けたものにとらわれ過ぎないことも大事である。「家族内での役割」や「普段から心がけたり，意識して行動したりしたこと」の中から書いてもよい。また，きっかけ（問題意識）や成果（結果）よりも，「どう考えたのか」（意志や決断），「どんな行動をとったのか」（行動過程）が伝わるようにまとめるとよい。

4．内定（スライド 21）

　内定とは，企業が応募した学生に対して雇用する意思を伝え，学生も入社する意思を示し，双方が合意した状態をいう。一般的には内定通知書や内定承諾書（誓約書）の取り交わしによって行われ，1979 年の最高裁の判例をもとに「始期付解約権留保付労働契約」と解釈されている。「始期付」は大学を卒業後すぐに就労する義務が生じること，「解約権留保付」は内定承諾書等に記載された取消事由が発生した場合は解約できること，を意味する。

　企業側からの内定取消は「解雇」と同様に扱われるため一定の制限があるが，学生（雇用される側）からの内定辞退は，法律上の制限は受けない。しかし，契約を解約することに変わりないため企業側への説明を含め誠意ある対応をするべきである。「他社からも内定をもらい迷っている」と企業の人事担当者に相談する方法もある。いずれにしても独りよがりに判断せず，大学や保護者にも相談して

対応するのがよい。

V　おわりに（スライド22, 23）

　キャリア選択や就職活動に不安を感じる学生も多いが，「こうしなければならない」という学生自身のとらわれやこだわりが原因になっていることもある。近年はインターンシップへの参加が実質的な就職活動の開始となる流れが強まっており，インターンシップ先を選ぶ前の活動が重要にもなる。

　文部科学省（2023）によれば，令和2（2020）年度に教育課程内でのキャリア教育を実施した大学は98％と高く，また「学生のキャリア形成を支援するための助言者の配置や相談体制の整備」を行っている大学は83.4％と，キャリア選択や就職活動に関する支援体制が多くの大学で整ってきている。

　また，吉田ら（2022）は，「試験不安」と「準備不足不安」が就活生にとって普遍の不安であるとし，就職活動に向けては地道な取り組みの積み重ねが重要であると指摘している。そして，「『準備』とは，就職に関連する準備に限定するものではなく，日々の学業や大学生活全般を通じて培われるものとして，社会人としての準備と捉えることもできる」と説いている。「キャリア」には連なりや積み重ねという意味もあるように，キャリア選択や就職活動は急に始めるものではなく，日々の大学生活での準備の積み重ねともいえる。できるだけ低学年からキャリアに関心をもち，大学に相談する習慣を身につけてほしい。

　文　　献
安達智子（2004）大学生のキャリア選択―その心理的背景と支援．日本労働研究雑誌，46(12); 27-37.
中央教育審議会（2011）今後の学校におけるキャリア教育・職業教育の在り方について（答申）．https://www.mext.go.jp/component/b_menu/shingi/toushin/__icsFiles/afieldfile/2011/02/01/1301878_1_1.pdf（2023年3月10日閲覧）

藤井義久（1999）女子学生における就職不安に関する研究．心理学研究，**70**(5); 417-420.

一般社団法人日本私立大学連盟（2022）私立大学学生生活白書 2022．https://www.shidairen.or.jp/files/user/20221011gakuseihakusho.pdf（2023 年 3 月 10 日閲覧）

厚生労働省（2021）令和元年就業形態の多様化に関する総合実態調査．

松田侑子・新井邦二郎（2006）就職活動不安尺度作成の試み，日本教育心理学会総会発表論文集第 48 回，p.100.

松田侑子・永作稔・新井邦二郎（2010）大学生の就職活動不安が就職活動に及ぼす影響．心理学研究，**80**(6); 512-519.

文部省・通商産業省・労働省（1997）インターンシップの推進に当たっての基本的考え方．https://www.mhlw.go.jp/stf/shingi/2r9852000002b9xq-att/2r9852000002ba3w.pdf（2023 年 3 月 14 日閲覧）

文部科学省（2023）令和 2 年度の大学における教育内容等の改革状況について（概要）．https://www.mext.go.jp/content/20230117-mxt_daigakuc01-000025974_1r.pdf（2023 年 3 月 10 日閲覧）

文部科学省・厚生労働省・経済産業省（2022）インターンシップを始めとする学生のキャリア形成支援に係る取組の推進に当たっての基本的考え方．https://www.mext.go.jp/a_menu/koutou/sangaku2/20220610-mxt_ope01_01.pdf（2023 年 3 月 14 日閲覧）

採用と大学教育の未来に関する産学協議会（2022）採用と大学教育の未来に関する産学協議会 2021 年度報告書：産学協働による自律的なキャリア形成の推進．https://www.sangakukyogikai.org/_files/ugd/4b2861_80df016ea6fe4bc189a808a51bf444ed.pdf（2023 年 3 月 14 日閲覧）

総務省（2021）労働力調査．

宇賀田栄次・栗田智子（2018）就職不安を抱える大学生に対する個別相談と支援の在り方─未内定学生への「伴走型個別支援」の取組から．静岡大学教育研究，**14**; 1-18.

鵜飼洋一郎（2007）企業が煽る「やりたいこと」─就職活動における自己分析の検討から．年報人間科学，**28**; 78-98.

吉田尚子・長岡千賀・石盛真徳ほか（2022）コロナ禍での大学生の就職活動不安，追手門経営論集，**28**(2); 123-134.

全国大学生活協同組合連合会（2023）第 58 回学生生活実態調査概要報告．https://www.univcoop.or.jp/press/life/pdf/pdf_report58.pdf（2023 年 3 月 10 日閲覧）

第 14 章
大学生の対人関係

今江秀和

I　はじめに（スライド 2 〜 4）

　人は，生まれたときから人と関わり，人との関わりの中で発達する。人を対人関係と切り離して考えることはできないし，対人関係を避けて生きていくことはできない。

　誰しも，人との関わりの中で，喜びや楽しみ，幸せ，安らぎ，自分の価値を感じることがあるだろう。しかし，対人関係がストレスになることが非常に多いのも現実である。親との意見の相違，友達との仲違い，失恋など，人との関係が煩わしさや辛さ，不安を引き起こすこともある。また他者と比較して自信を失うこともあるだろう。

　大学生になると，授業だけでなく，サークル活動，アルバイト，学外実習，インターンシップなど活動の幅が大きく広がる。それにともない生活空間も広くなり，多数の，そして多様な人と関わることになる。そうした中で，他者と大きなトラブルなく，過ごしていくことは充実した大学生活を送る上で，重要なことだろう。

　中には，人付き合いが苦手で，一人でいる方がいいという人もいるだろう。しかし，完全に一人で生きていくということは実際のところ難しい。社交的になる必要はないと思うが，孤立したり，社会生活に困難を来さない程度には人と付き合っていく必要がある。自分がどのくらいなら人付き合いができるかを知ること

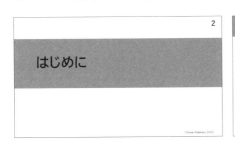

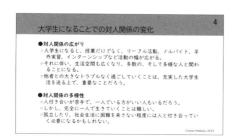

や，許容範囲をある程度広げることも必要になるかもしれない。

本章では，大学生の対人関係の特徴や陥りがちな問題について考えてみたい。すでに述べたように大学生の対人関係は多様であるが，ここでは，親子関係，友人関係，教員との関係，そしてパートナーとの関係を取り上げる。また，対人関係に関する理論として，対人関係精神分析の考えを簡単に解説したいと思う。

II 親子関係（スライド5〜8）

1．大学生の親子関係——自立を中心に

大学生の発達的課題の大きなものの一つに自立がある。これは親子関係に質的な変化を要求するものである。ホリングワース（Hollingworth, 1928）は，「心理的離乳」として，この問題を取り上げている。心理的離乳は，親への反抗や親との葛藤を通して，「親との最適な心理的距離を見つけ出し，親とは違う自分，つまり自分なりの価値観，信念，理想などを確立するプロセス」（石垣，2020）である。

自立は，親にとっても学生にとっても，多かれ少なかれ葛藤や困難が伴うものであり，必ずしもその過程がスムーズに進むとは限らない。親が，いつまでも子どものように学生の世話を焼いたり，何かにつけて口を出したり，意見を押しつけたりするといったこともあるだろう。ホリングワース（1928）は，心理的離乳を妨げるものとして，母親の所有的態度や親の過度な支配などをあげている（平石，1995）。一方，学生が，親の世話や口出しを当たり前のように受け入れている場合や何かにつけて親に頼っている場合もあるだろう。また，親のそうした過保護や過干渉に対して，否定的に感じながらも上手く対処できずに苦しんでいるということもあるだろう。

学生が困難な状況にありながらも親に相談しないといった場合も問題だろう。親に相談しない理由はさまざまであり，親を避けている場合もあれば，心配をかけたくないとの思いから相談しない学生もいる。また相談しようと思いつつも，親に怒られるのではないか，親にがっかりされるのではないかなどと考えて，打ち明けられないということもあるだろう。大学生の場合，抱えている問題が大きくなればなるほど，親の支援が必要になってくる。しかし，親に相談することが

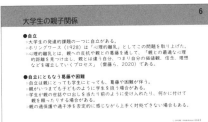

難しいと感じている学生にとって，親に支援を頼むのは容易ではないだろう。問題を抱えながらも親に相談できないといったときには，現在の困っている状況や親に連絡を取りづらいという思いを学生相談機関に相談することが役に立つかもしれない。

　自立の問題は，同時に依存の問題でもある。依存は，自立の対義語であるが，自立することは依存しないということだろうか。乳幼児から青年期，成人期へと発達する過程で，依存のあり方は変化していくものであるが，自立すれば，依存が全くなくなるというものではない。悩みや問題を抱え，自分だけでは乗り越えられそうにない場合でも，誰にも助けも求めず，行き詰まっていくのを待つような事態は，自立ではなく，孤立といった方がいいだろう。必要なときに，適度に依存することが自立の重要な要件である。

2．親との最適な心理的距離

　自立という課題を乗り越えていくには，自立と依存の間を揺れ動きながら，「親との最適な心理的距離」（石垣，2020）を見つけていくことが重要である。最適な心理的距離は，人それぞれである。良好な親子関係にある学生においては，心理的距離をそこまでとらずともうまくやっていけるかもしれないし，支配的だったり，過干渉だったりする親への対応に困っている学生においては，心理的にも物理的にも距離を取った方が負担が少ないかもしれない。それぞれ自分に合う距離を見つけていく必要がある。どうにも距離をうまくとれない，最適な距離が分

からないといった場合には，学生相談機関に相談し，親子関係のあり方について
考えてみることをお勧めしたい。

Ⅲ　友人関係（スライド9〜12)

1．大学生の友人関係

　自立が発達的課題となる青年期には，親から距離を取ろうとする試みと並行し，
友人関係のウェイトが大きくなる。葛藤や困難を伴う自立の過程において，自分
を理解し，支えてくれる友人の存在がもつ意味は大きい。

　宮下（1995）は，青年期における友人の意義として，1）自分の不安や悩みを
打ちあけることにより，情緒的な安定感や安心感が得られる，2）健全な友人関
係の中で自分の長所や短所に気づかされ，自己を内省する必要に迫られることで，
自己を客観的に見つめることができる，3）同年齢の友達であればこそ，楽しい
ことだけでなく，辛いことやトラブルをごく自然に経験することができ，そうし
たことを通して，人間関係を学ぶことができる，という3点を挙げている。

　また，宮下（1995）は，「人格形成のプロセスにおいて，『異性』との関係の方
が『同性』より少し遅れるのが必然」であり，「異性の友人との関わりは，通常，
同性の友人との充実したかかわりを経てはじめて健全な形で成立すると考えられ
ている」としている。友人は同性に限ったものではないが，まず同性の友人と親
密な関係をつくることが大学生にとって重要といえるだろう。そして，それが健
全な恋愛関係にも繋がっていくのだろう。

2．大学生の友人関係をめぐる問題

①友人ができない

　大学は，同じ教室で同じメンバーと過ごす高校までとは違うため，対人関係が
苦手な人や，友達をつくるタイミングを逃してしまった人にとっては，友達をつ
くるのが難しい。友達ができない理由はさまざまだと思うが，学生相談でよく話
題になることの一つに，話しかけようと思っても，何を話していいか分からない，
話しかけても会話が続かないということがある。

　齋藤（2020）は，雑談が苦手な人について，生真面目で，こんなこと話して何
になるなどと考えてしまったり，自分なんかと話してもつまらないだろうなどと
他者の様子を過剰に気にしてしまう傾向があると述べている。そして，雑談のコ
ツとして，「構え」「共通の話題」「対話・交流のコツ」という観点でまとめてい
る。「構え」としては，気さくに気軽に気張らずに話しかけることを勧めている。

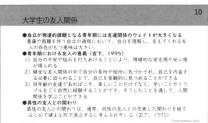

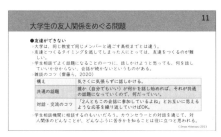

「共通の話題」は，誰か（自分でもいい）が何かを話し始めれば，それがそのまま共通の話題になっていくので，何だっていいとしている。「対話・交流のコツ」は，「2 人ともこの会話に参加しているよね」とお互いに思えるような応答を繰り返していけば OK であると述べている。そして，「徐々に感情を込めた相づちを打つことができるようになれば，十分に雑談上手への道が開かれていく」と述べている。

　とはいえ，教室や食堂などでいきなり話しかけるのは難しいということもあるだろう。そういう場合は，サークルや部活動に入るのも一つの方法だろう。同じ興味や関心をもつ者が集まっているため，共通の話題を持ちやすいだろうから，雑談のコツを使って，仲間の輪に入ってみるといいのではないかと思う。

　それでも人との関係を持つことが難しい場合には，学生相談機関で相談するのもいいだろう。対人関係が苦手だという人は少なからずいるが，対人関係のどんなことが，どんなふうに苦手なのかを詳細に分かってはいないことはよくあることである。カウンセラーとの対話を通じて，何がどのように苦手なのかを理解できるようになることは，役に立つことと思われる。

②友達はつくらないといけないのか

　一人が好きで，人と極力関わらないという学生もいるだろう。青年期にある学生にとって友人関係は重要であると述べたが，無理矢理にでも友達をつくらなければいけないということでもないだろう。一人でいることが快適であれば，それ

も一つの学生生活の過ごし方かもしれない。ただ，大学では，高校までのような
ホームルームの時間はない。情報は，自分で収集したり，友達から仕入れたりし
て，さまざまな課題をこなしていくことが求められる。うまく情報が手に入れら
れず，単位を落とす学生もいる。また，実習など人と交流せざるを得ない授業も
ある。人とどの程度関わるのか，人と関わらない不利益を解消する工夫をどうす
るのかなど，検討する必要はあるだろう。どうすればいいか分からないという場
合は，学生相談機関の利用を考えてみてもいいだろう。

　また，過去の対人関係の傷つきなど何らかのきっかけで，人との交流を避ける
ようになった人の中には，心のどこかでは友人がほしいと思っている人もいるか
もしれない。そうした場合も，学生相談機関に相談してもらえればと思う。

IV　教員との関係（スライド 13 ～ 16）

1．教員との関係の重要性

　教員との関係は，大学生にとって重要だろう。それは単位や卒業のためだけで
はない。教員とのいい出会い，いい関係は，学生の学びに大きく影響するだろう
し，教員が学生にとってのモデルとなることもある。

　教員とのいい関係が学生の成長を促す一方で，教員との関係がうまくいかない
と学生は不安を感じたり，辛い思いをしたりすることになる。特に教員からのハ
ラスメントは，学生に深刻なダメージを与えることになる。

2．ハラスメント──教員との関係における問題

　教員との関係における問題の最も深刻なものの一つにハラスメントがある。こ
うした問題が起こらないためには，教員がハラスメントをしないようにすること
が第一ではあるが，ハラスメントは微妙な関係のズレの中で起こってくることも
あるため，加害者側も，被害者側も気づきにくい場合がある。学生もハラスメン
トに遭わないように気をつけること，またハラスメントに遭ったときに適切な対
応を取れることが重要である。不快に思ったとき，違和感があるときには，自分
の気持ちを適切に伝えられるといいだろう。もちろん自分の気持ちを伝えること
が難しかったり，伝えることで問題を複雑にする可能性がある場合もあるので，
そのときには学生相談機関やハラスメント相談室などに相談するといいだろう。
ハラスメントに遭ったときはもちろん，これはハラスメントだろうかと迷うよう
なときも，早めに相談し，被害を小さくするようにしてほしい。

3．アサーション──教員といい関係を築くために

　アサーションとは「自分も相手も大切にする自己表現」であり，より具体的には「自分の考え，欲求，気持ちなどを率直に，正直に，その場の状況にあった適切な方法で述べること」である（平木ら，2002）。アサーション以外の表現方法としては，一方的に自分の気持ちを押しつける攻撃的自己表現と，自分の気持ちをちゃんと言わない非主張的自己表現がある。

　気持ちを伝えることが常に効果的に働くわけではなく（山川，2022），気持ちを伝えないことを選ぶこともあっていい。ただ，気持ちを適切に伝えることを選べることは重要だろう。

V　パートナーとの関係（スライド 17 〜 24）

1．大学生の恋愛関係

　大学生にとって，恋愛は大きな関心事だろう。パートナーとの親密な関係をつくることは青年期の課題の一つでもある。交際がスタートした直後は，楽しく感じることが多いかもしれない。ただ恋愛は楽しいことばかりではない。意見や考えの違いが明らかになってきて，ケンカになることもあるだろう。パートナーの束縛や嫉妬が激しくて困っているが，怒らせないように相手の希望に合わせてばかりいて，ストレスを感じるといったこともあるかもしれない。別れるとなると，

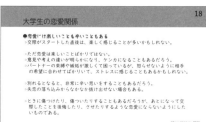

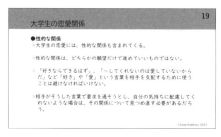

非常に辛い思いをすることもあるだろう。失恋の落ち込みからなかなか抜け出せないという場合もある。楽しいこと，嬉しいこともあれば，辛いこともあるのが恋愛である。ときに傷つけたり，傷ついたりすることはあるだろうが，あとになって交際したことを後悔したり，させたりするような恋愛にならないようにしたいものである。

　大学生の恋愛関係には，性的な関係も含まれてくる。性的な関係は，どちらかの願望だけで進めていいものではない。パートナーに心の準備ができていない場合は，待つ必要がある。「好きならできるはず」「○○してくれないのは愛してないからだ」など「好き」や「愛」という言葉を相手を支配するために使うことは避けなければならない。相手がそうした言葉で要求を通そうとし，自分の気持ちに配慮してくれないような場合は，その関係について見つめ直す必要があるだろう。

▌ 2．別れることの難しさ

　別れる際，双方の意見が一致している場合もあれば，片方だけが別れることを希望している場合もある。後者の場合でも，大きな問題なく別れられることもあるが，ときにすんなりと別れられないことがある。

　石垣（2020）は，上手な関係の終わらせ方として，1）はっきり意思を伝える，2）一度距離を置く，3）接触を極力避ける，の3点を挙げている。相手が同じ大学の同じ学部や同じサークルなどの場合，離れることが難しいこともある

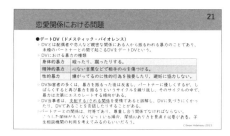
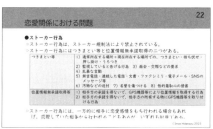

だろうが，別れた後も頻繁に会ったりしていると，微妙な関係が続いてしまうこともあるので，気をつけたい。

3．恋愛関係における問題

①デート DV

　ドメスティック・バイオレンス（DV）とは，配偶者や恋人など親密な関係にある人から振るわれる暴力のことである。デート DV とは，DV の中でも，未婚のパートナーとの間で起こる DV のことをいう。DV には，殴ったり蹴ったりする「身体的暴力」，心ない言動などにより相手の心を傷つける「精神的暴力」，嫌がっているのに性的行為を強要したり，避妊に協力しない「性的暴力」がある。

　DV 加害者の多くは，暴力を振るった後は反省し，パートナーに優しくするが，しばらくすると再び暴力を振るうというサイクルを繰り返す。そして，そのサイクルの中で，暴力はしだいにエスカレートしていく傾向があるとされている。

　DV の当事者は，支配する／される関係を愛情であると誤解し，DV に気づきにくかったり，DV であることを否認したりすることがある（高野，2020；酒井，2022）。本来，パートナーとの関係は，対等であり，尊重し合う関係でなければならない。また，それぞれが自分の時間や空間，人間関係をもつ自由が許される必要がある。そして，いかなる理由があっても，暴力は許されない。こうした関係がもてなくなっている場合，関係のあり方を見直す必要があるだろう。学生相談機関の利用も考えてみるといいだろう。

②ストーカー行為

　ストーカー行為とは，「特定の個人に異常なほど執着し，その人の意志に反してつきまとうなどの行為」（高野，2020）をいう。2000 年にはストーカー規制法が制定され，2021 年に改正・施行されている。

　ストーカー行為には，つきまとい等と位置情報無承諾取得等の二つがある。つきまとい等には，1）通常所在する場所＋現在所在する場所での，つきまとい・

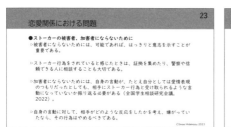

待ち伏せ・押し掛け・うろつき，2）監視していると告げる行為，3）面会・交際などの要求，4）乱暴な言動，5）無言電話，連続した電話・文書・ファクシミリ・電子メール・SNS のメッセージ等，6）汚物などの送付，7）名誉を傷つける（例：被害学生を中傷するような SNS の書き込みなど），8）性的羞恥心の侵害（例：わいせつな写真や画像，卑猥なことばを被害学生に SNS やメール等で送るなど）がある。

　位置情報無承諾取得等には，1）相手方の承諾を得ないで，GPS 機器等により位置情報を取得する行為，2）相手方の承諾を得ないで，相手方の所有する物に GPS 機器等を取り付ける行為がある。

　ストーカー行為は，一方的に相手に恋愛感情をもち行われる場合もあれば，交際していた相手に行われることもあるが，いずれにしても犯罪である。

　被害者にも加害者にもならないようにしたい。被害者にならないためには，難しさもあるだろうが，はっきりと意思を示すことが重要である。また，ストーカー行為をされていると感じたときには，証拠を集めたり，警察や信頼できる人に相談することも大切である。加害者にならないためには，自身の言動が，たとえ自分としては愛情表現のつもりだったとしても，相手にストーカー行為と受け取られるような言動になっていないか振り返る必要がある（小島，2022）。自身の言動に対して，相手がどのような反応をしたかを考え，嫌がっていたなら，その行為はやめるべきである。

③リベンジポルノ

　リベンジポルノとは，交際中に撮った性的な画像を，別れた後で公開することである。リベンジポルノは，リベンジポルノ防止法により禁止されている。恨みの感情にまかせて，写真などを公開して，犯罪を犯すことにならないようにしたい。被害者になった場合，インターネットに公開された写真や動画は完全に消去できないため，非常に辛い思いをすることになる。性的な画像を撮ることのリスクを考えること，嫌なときははっきりと断ることが重要である。

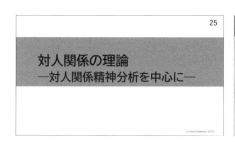

VI　対人関係の理論──対人関係精神分析を中心に（スライド 25 〜 29）

　ここまで大学生のさまざまな対人関係の特徴や陥りがちな問題についてみてきた。対人関係における問題はどのように起きてくるのだろうか。対人関係の理論を知り，自分の対人関係について振り返ってみることは，気づきに繋がることもあるだろう。ここでは対人関係を考える一つの視点として，対人関係精神分析の理論，特にサリヴァン Sullivan, H. S. の安全保障操作，体験の態様という概念について説明する。サリヴァンは，対人関係精神分析の創始者の一人で，人と人との間に起こっていることに注目し，人格理論や治療論を創り上げていった精神科医である。

1．安全保障操作

　サリヴァンは，人は安全感を確保し，安全感を脅かす不安を避けるものであると考え，不安を避けるための精神内界の操作や対人関係における行動様式を「安全保障操作」と呼んだ。幼少期の子どもの不安は，親の拒絶や叱責，無視といった否定的反応によって喚起されるが，それは自尊感情への打撃とも言い換えられる（川畑，2019）。それゆえ子どもは安全保障操作を行うことになる。安全保障操作のあり方は，その人独自の対人関係のパターンをつくり出す。安全保障操作は簡単には自覚されないため，その後の人生経験から学ぶことが難しく，結果的に対人関係の不十分ないし不適切なパターンにつながっていくことになる（Evans III，1996）。

2．体験の態様

　安全保障操作や，それによりつくり出された対人関係のパターンは，親との関係で不安を避け，安全感を得るために発展したものであるが，他者との間で似た

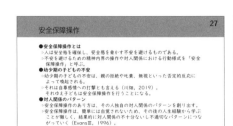

ような出来事があると，他者に対しても無自覚に適用されることがある。このように，知らず知らずのうちに過去の人間関係の中でつくられたパターンを現在の人間関係においても当てはめてしまうことを「パラタクシス的歪み」という。

　パラタクシスとは体験の態様，つまり体験のあり方の一つである。体験の態様は，パラタクシス的態様（parataxic mode）の他に，プロトタクシス的態様（prototaxic mode）とシンタクシス的態様（syntaxic mode）がある。

　プロトタクシス的態様は，その瞬間しか把握できず，体験と体験との間に繋がりのない無構造な体験の態様である。新生児の体験がそれに近いものと想像される（川畑，2019）。

　パラタクシス的態様では，体験が分化しはじめ，体験に付随する以前の結果の「想起」と同じことをすれば同じことになるだろうという「予見」ができるようになり，体験と体験に繋がりが生まれるが，その繋がりは論理的ではなく，たまたま結びついただけである。パラタクシス的態様の体験は，個人の中で完結しており，他者と言葉による妥当性の確認はされない。たとえば，子どもが自己主張したときに，親が不機嫌になるといったことが繰り返されると，自己主張の結果として親が不機嫌になるというふうに結びつく。実際のところがどうなのかは言葉によって確認されることなく，個人の中でそのように結びつくのである。その結果，親の不機嫌は子どもに不安を喚起するので，不安を避けるために自己主張はされなくなっていくことになる。パラタクシス的態様の特徴として，一般化されるということがある。そのため青年期においても，親との関係で身につけた対処法が無自覚に，友人や教員，パートナーといった他者との関係に適用され，パラタクシス的歪みを生じさせる。たとえば，先の例のように自己主張が相手を不機嫌にするという結びつきができている人は，友達に対しても，自分の気持ちを伝えられなかったり，自分の意見が持てなかったりして，いつも相手に合わせることになるかもしれない。また，女性あるいは男性はこうあるべきだとか，付き合うというのはこういうことだといった個人の中の当たり前を，パートナーとの関係に持ち込むことで，問題のある関係が成り立っているといった場合も，パラタ

クシス的歪みが生じているといえるだ
ろう。

　シンタクシス的態様は，体験が論理
的に結びつき，他者と言葉によって妥
当性が確認された体験の態様である。
サリヴァン（1953）は，シンタクシス
的態様を「真の対人的コミュニケーシ

ョンを行う力を持つ体験様式である」と述べている。シンタクシス的態様には言
語能力が必要であるが，言語能力が発達しても，他者と共有されない体験は，パ
ラタクシス的水準にとどまる（川畑，2019）。他者との関係性の中で起きている
ことを言葉を使ったやりとりをしながら互いに理解していく「合意による確認」
（Sullivan, 1953）がなされるとパラタクシス的態様はシンタクシス的態様へと
移行する。他者と言葉を用いて，理解し合えるようなコミュニケーションを心が
けたい。

3．親密な関係

　サリヴァンは，他者との親密な関係をもてることを重視し，それは親との間で
形成されたパラタクシス的歪みを修正すると考えていた。親密な関係は，対等な
関係である必要がある。親密に見える関係の中には，支配する／される関係など，
問題のある関係もみられるが，それは真に親密な関係とは呼べないだろう。親密
な関係をもてるようになるためには，対等な関係の中で，意見や考えの違いも含
め，互いに尊重し合い，話し合い，理解し合おうとする努力が必要である。

VII　さいごに（スライド30，31）

　大学生の親子関係，友人関係，教員との関係，パートナーとの関係の特徴と陥
りやすい問題についてみてきた。親子関係のパートで自立と依存に触れたが，こ
れは他の関係の中でも問題になりうることである。また教員との関係のパートで
述べたアサーションも他の対人関係においても有効な表現法である。このように
ある対人関係のパートで述べたことは，他の対人関係にも当てはめられることな
ので，適宜，当てはめて考えてもらえればと思う。

　対人関係の理論として，対人関係精神分析を取り上げたが，対人関係について
の理論は他にもある。自分にとってしっくりくるものを探してみるのもいいので
はないかと思う。

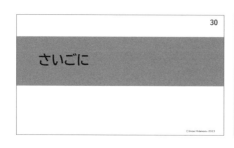
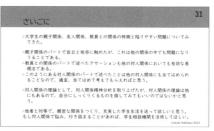

　大学生の皆さんには，他者と対等で，尊重し合える親密な関係をつくり，充実した学生生活を送ってほしいと思う。もし対人関係で悩み，行き詰まることがあれば，学生相談機関を活用していただきたい。

文　　献

Evans III, F. B. (1996) *Harry Stack Sullivan: Interpersonal Theory and Psychotherapy*. Routledge.（筒井亮太・細澤仁訳（2022）ハリー・スタック・サリヴァン入門—精神療法は対人関係論である．創元社．）

平石賢二（1995）青年期の異世代関係—相互性の視点から．In：落合良行・楠見孝編：講座生涯発達心理学第 4 巻—自己への問い直し．青年期．金子書房，pp.125-154.

平木典子・沢崎達夫・土沼雅子編著（2002）カウンセラーのためのアサーション．金子書房．

Hollingworth, L. (1928) *The Psychology of The Adolescent*. D. Appleton and Company.

石垣琢磨（2020）親とどうつきあうか．In：齋藤憲司・石垣琢磨・高野明：大学生のストレスマネジメント—自助の力と援助の力．有斐閣，pp.101-116.

川畑直人監修（2019）対人関係精神分析の心理臨床—わが国における訓練と実践の軌跡．誠信書房．

小島奈々恵（2022）学内でのストーカー問題への対応．In：全国学生相談研究会議編：学生相談カウンセラーと考えるキャンパスの危機管理—効果的な学内研修のために．遠見書房，pp.25-38.

宮下一博（1995）青年期の同世代関係．In：落合良行・楠見孝編：講座 生涯発達心理学第 4 巻　自己への問い直し—青年期．金子書房，pp.155-184.

齋藤憲司（2020）友人関係とストレス．In：齋藤憲司・石垣琢磨・高野明：大学生のストレスマネジメント—自助の力と援助の力．有斐閣．pp.79-100.

酒井渉（2022）大学生活上のさまざまなリスク—カルト，薬物，アルコール，ブラックバイト，デート DV など．In：全国学生相談研究会議編：学生相談カウンセラーと考えるキャンパスの危機管理—効果的な学内研修のために．遠見書房，pp.157-165.

Sullivan, H. S. (1953) *The Interpersonal Theory of Psychiatry*. Norton.（中井久夫・宮崎隆吉・高木敬三・鑪幹八郎訳（1990）精神医学は対人関係論である．みすず書房．）

高野明（2020）恋愛と性をめぐるストレス．In：齋藤憲司・石垣琢磨・高野明：大学生のストレスマネジメント—自助の力と援助の力．有斐閣，pp.117-132.

山川裕樹（2022）「気持ちに気づき，伝える」レッスン—ハラスメントやブラック研究室の被害に遭わないために．In：全国学生相談研究会議編：学生相談カウンセラーと考えるキャンパスの危機管理—効果的な学内研修のために．遠見書房，pp.166-178.

ダウンロード資料のご利用方法

本書に掲載している以下のデータは，小社のホームページから無料でダウンロードができます。各スライドは，研修等において自由に使っていただけます。ただし，著作権は各執筆者にあり，使用に際してはコピーライトを表示していただくことが必要です。

提供されるデータの内容
①第1章　学生を学生相談室に紹介するとき
②第2章　教職員にできる予防的な関わり方（居場所作り・仲間作り）
③第3章　メンタルヘルスに問題を抱えた学生の対応
④第4章　発達障害の傾向がある学生，コミュニケーションが難しい学生への対応
⑤第5章　障害のある学生の支援
⑥第6章　留学生のメンタルヘルス
⑦第7章　学生に見られるアディクションの理解
⑧第8章　LGBTQ の学生への理解と対応の第一歩
⑨第9章　不登校・ひきこもり学生への対応
⑩第10章　家庭の諸問題
⑪第11章　学生相談室の紹介
⑫第12章　ストレスマネジメント
⑬第13章　キャリア選択・就活
⑭第14章　大学生の対人関係

このダウンロードができるのは，本書の購入者に限ります。購入者以外の利用はご遠慮ください。また，本データは，マイクロソフト社のパワーポイント（Microsoft Power Point®）のファイルとなっております。ファイルを開くにはソフトが必要となります。ソフトは別にお買い求めください。

各章は，プレゼンテーション・ソフトのスライドを用いて研修を行うことを前提として執筆されています。読者には，小社サイトからスライドをダウンロードしていただけます。スライドは，研修等において自由に使っていただけます。ただし著作権は各執筆者にあり，使用に際してはコピーライトを表示していただくことが必要です。コピーライトは使用者が何も改変していない場合，常に表示さ

れる設定になっています。

　このデータは，購入者の臨床支援のために作られたものです。読者の臨床や支援とは関係のない第三者への本データの販売，譲渡，ウェブサイトや SNS などで不特定多数の方がアクセスできるようにすることなどは禁止します。

本データのダウンロードの仕方

1）小社の販売サイト「遠見書房の書店」https://tomishobo.stores.jp/ にアクセスをしてください。
2）左上の検索ボタン（虫眼鏡のような形をしたアイコン）を押して，「購入者用ダウンロード資料」を検索してください。URL は，
　　https://tomishobo.stores.jp/items/6443848bfa2afe2a9e523906
　　です。
　　（もしくは下の二次元バーコードをお使いください）

3）「0円」であることを確認して，「カート」に入れて，手続きを進めてください。ご入力いただくお名前などは，何でも構いませんが，メールアドレスは後日の連絡用に必要になることもありますので正しいものをお使いください。
4）手順に沿ってダウンロードができたら，ファイルをクリックします。パスワードが要求されるので，GakuSou841（ジー・エー・ケイ・ユー・エス・オー・ユー・はち・よん・いち）を入力してください
5）ファイルサイズは 13 MB ほどです。
6）うまく行かない場合は，弊社 tomi@tomishobo.com までご連絡をください。

執筆者一覧（執筆順）

杉原　保史（すぎはら・やすし：京都大学学生総合支援機構）

江上奈美子（えがみ・なみこ：東京農工大学保健管理センター）

舩津　文香（ふなつ・ふみか：九州大学キャンパスライフ・健康支援センター学生相談室）

斉藤　美香（さいとう・みか：札幌学院大学心理学部臨床心理学科）

堀田　亮（ほりた・りょう：岐阜大学保健管理センター）

奥田　綾子（おくだ・あやこ：日本赤十字九州国際看護大学学生相談室）

小島奈々恵（こじま・ななえ：東北大学高度教養教育・学生支援機構学生相談・特別支援センター）

加野　章子（かの・あきこ：愛知工科大学／愛知工科大学自動車短期大学・学生相談室）

酒井　渉（さかい・わたる：函館工業高等専門学校ヘルスアソシエイトオフィス）

太田　裕一（おおた・ゆういち：静岡大学保健センター・学生支援センター）

吉村麻奈美（よしむら・まなみ：津田塾大学ウェルネス・センター）

山川　裕樹（やまかわ・ひろき：成安造形大学共通教育センター）

中島　道子（なかじま・みちこ：関西学院大学文学部・心理科学実践センター）

宇賀田栄次（うがた・えいじ：静岡大学学生支援センター）

今江　秀和（いまえ・ひでかず：広島市立大学国際学部・心と身体の相談センター）

全国学生相談研究会議
全国の大学等の高等教育機関において学生相談に携わるカウンセラーの団体。学生相談カウンセラーの自主的な相互研鑽と，学生相談の研究を目的として設立された。昭和43（1968）年以来，50年以上にわたって，年1回，シンポジウムを開催し，実践経験を共有し，議論を重ねてきた。2023年現在，会員数は150名ほどで，事務局は名古屋大学学生相談センター内に置かれている。

学生相談カウンセラーと考えるキャンパスの心理支援
——効果的な学内研修のために2

2023年5月20日　第1刷

編　者　全国学生相談研究会議
編集代表　太田裕一
発行人　山内俊介
発行所　遠見書房

〒181-0001 東京都三鷹市井の頭 2-28-16
TEL 0422-26-6711　FAX 050-3488-3894
tomi@tomishobo.com　https://tomishobo.com
遠見書房の書店　https://tomishobo.stores.jp/

印刷・製本　太平印刷社

ISBN978-4-86616-171-6　C3011

※心と社会の学術出版　遠見書房の本※

遠見書房

学生相談カウンセラーと考える
キャンパスの危機管理
効果的な学内研修のために
全国学生相談研究会議編（杉原保史ほか）
本書は，学生相談カウンセラーたちがトラブルの予防策や緊急支援での対応策を解説。学内研修に使える 13 本のプレゼンデータ付き。3,080 円，A5 並

海外で国際協力をしたい人のための
活動ハンドブック──事前準備から，現地の暮らし，仕事，危機管理，帰国まで
（順天堂大学）岡本美代子編著
国際協力活動をしたい人のために経験者からのアドバイスを集めた一冊。準備，危険対処，運営，連携，仕舞い方まで実践スキルが満載。1,980 円，A5 並

図解　ケースで学ぶ家族療法
システムとナラティヴの見立てと介入
（徳島大学准教授）横谷謙次著
カップルや家族の間で展開されている人間関係や悪循環を図にし，どう働きかけたらよいかがわかる実践入門書。家族療法を取り入れたい取り組みたいセラピストにも最適。2,970 円，四六並

臨床心理学中事典
（九州大学名誉教授）野島一彦監修
650 超 の 項 目，260 人超 の 執 筆 者，3 万超の索引項目からなる臨床心理学と学際領域の中項目主義の用語事典。臨床家必携！（編集：森岡正芳・岡村達也・坂井誠・黒木俊秀・津川律子・遠藤利彦・岩壁茂）7,480 円，A5 上製

世界一隅々まで書いた
認知行動療法・問題解決法の本
（洗足ストレスコーピング・サポートオフィス）伊藤絵美著
本書は，問題解決法についての 1 日ワークショップをもとに書籍化したもので，ちゃんと学べる楽しく学べるをモットーにまとめた 1 冊。今日から使えるワークシートつき。2,860 円，A5 並

喪失のこころと支援
悲嘆のナラティヴとレジリエンス
（日本福祉大学教授）山口智子編
「喪失と回復」の単線的な物語からこぼれ落ちる，喪失の様相に，母子，障害，貧困，犯罪被害者，HIV など多様なケースを通して迫った 1 冊。喪失について丁寧に考え抜くために。2,860 円，A5 並

職業リハビリテーションにおける
認知行動療法の実践
精神障害・発達障害のある人の就労を支える
池田浩之・谷口敏淳 編著
障害のある方の「働きたい思い」の実現のため，就労支援に認知行動療法を導入しよう。福祉・産業・医療各領域の第一人者による試み。2,860 円，A5 並

あたらしい日本の心理療法
臨床知の発見と一般化
池見　陽・浅井伸彦 編
本書は，近年，日本で生まれた 9 アプローチのオリジナルな心理療法を集め，その創始者たちによって，事例も交えながらじっくりと理論と方法を解説してもらったものです。3,520 円，A5 並

ナラティヴがキーワードの臨床・支援者向け雑誌。第 14 号：ナラティヴ・セラピーがもたらすものとその眼差し（坂本真佐哉編）年 1 刊行，1,980 円

〈フリーアクセス〉〈特集＆連載〉心理学・心理療法・心理支援に携わる全ての人のための総合情報オンライン・マガジン「シンリンラボ」。https://shinrinlab.com/

価格は税込です